Rom

Monika Pelz

MERIAN-TopTen

Höhepunkte, die Sie unbedingt sehen sollten

 Colosseo
Schon Goethe stand 1786 staunend vor dem beeindruckenden Wahrzeichen Roms (→ S. 44).

 Fontana di Trevi
Das fließende Wasser gilt als Sinnbild der Lebenskraft der Ewigen Stadt, der Münzwurf verheißt eine Rückkehr nach Rom (→ S. 45).

 Foro Romano
Den besten Blick auf das einstige Zentrum des römischen Imperiums genießt man vom Kapitolshügel (→ S. 47).

 Gianicolo
Einer der schönsten und beliebtesten Aussichtspunkte der Stadt (→ S. 51).

 Monumento a Vittorio Emanuele II
Großprotzig, weiß, unübersehbar: Das Denkmal gehört zum Stadtbild wie Kolosseum und Petersdom (→ S. 51).

 Pantheon
Gewiss blickte Kaiser Hadrian nach der Fertigstellung des Tempels stolz auf die bis heute größte Kuppel der Welt (→ S. 54).

 Piazza Navona
Wenn das Abendlicht die Palazzi erstrahlen lässt, genießt man das römische Leben auf der schönsten Piazza der Stadt (→ S. 55).

 San Pietro in Vaticano
Glaube und Kunst sind nirgendwo so eng vereint wie im Petersdom (→ S. 60).

 Scalinata della Trinità dei Monti (Spanische Treppe)
Kein Sitzplatz ist begehrter als die Stufen dieser kulissenhaften Treppe (→ S. 66).

 Villa Borghese
Der meistbesuchte Park im Herzen Roms, ideal zum Abschalten (→ S. 67, 74).

MERIAN-Tipps ⋯⋙
finden Sie auf Seite 128

Inhalt

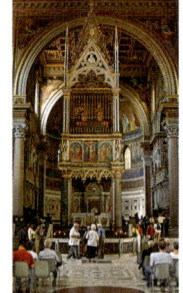

4 **Rom stellt sich vor**
Interessantes rund um Ihr Reiseziel

10 **Gewusst wo ...**
Die besten Tipps und Adressen der Stadt

12 **Übernachten**
Man wohnt stilvoll

18 **Essen und Trinken**
Lieblingsbeschäftigung der Römer

26 **Einkaufen**
Topadresse für Bekleidung und Antiquitäten

30 **Feste und Events**
Die Römer feiern am liebsten draußen und bis spät nachts

32 **Am Abend**
Auf den Piazze spielt sich abends das Leben ab

34 **Familientipps – Hits für Kids**
Parks, Museen und Eiscreme

36 **Unterwegs in Rom**
Kompakte Beschreibungen aller wichtigen Sehenswürdigkeiten und Museen

38 **Sehenswertes**
Ein Gesamtkunstwerk aus Museen und weltberühmten Bauten

68 **Museen und Galerien**
Geschichte aus Jahrtausenden wird in Rom lebendig

10 MERIAN-TopTen
Höhepunkte in Rom, die Sie unbedingt sehen sollten
← S. 1

10 MERIAN-Tipps
Tipps und Empfehlungen für Kenner und Individualisten
S. 128 ⸺⸺›

Erläuterung der Symbole

👨‍👧 *Für Familien mit Kindern besonders geeignet*

♿ *Diese Unterkünfte haben behindertengerechte Zimmer*

🐕 *In diesen Unterkünften sind Hunde erlaubt*

CREDIT *Alle Kreditkarten werden akzeptiert*

▱ *Keine Kreditkarten werden akzeptiert*

Preise für Übernachtungen im Doppelzimmer ohne Frühstück:
●●●● *ab 280 €*   ●● *ab 100 €*
●●● *ab 200 €*   ● *bis 100 €*

Preise für ein Menü mit Vorspeise und Dessert, ohne Getränke:
●●●● *ab 48 €*   ●● *ab 23 €*
●●● *ab 35 €*   ● *bis 23 €*

82 Spaziergänge und Ausflüge

Die schönsten Stadtrundgänge und Ziele in der Umgebung

Spaziergänge
- 84 Von der Piazza Venezia zum Campo de' Fiori im Herzen Roms
- 86 Rundgang durch mehrere Jahrhunderte von der Piazza della Repubblica zum Pincio
- 88 Jüdisches und volkstümliches Rom im Ghetto und in Trastevere

Ausflüge
- 90 Die Via Appia – Katakomben und antike Villen an der Königin der Straßen
- 92 Ostia Antica und Tivoli

94 Wissenswertes über Rom

Praktische Hinweise und Hintergrundinformationen

- 96 **Geschichte**
  Jahreszahlen und Fakten im Überblick
- 98 **Sprachführer**
  Nie wieder sprachlos
- 100 **Essdolmetscher**
  Die wichtigsten kulinarischen Begriffe
- 102 **Rom von A–Z**
  Nützliche Adressen und Reiseservice

- 107 Kartenatlas
- 120 Kartenregister
- 124 Orts- und Sachregister
- 127 Impressum

✣ Karten und Pläne

Rom	*Umschlagkarte vorne*
Verkehrslinienplan	*Umschlagkarte hinten*
Foro Romano	*48/49*
San Pietro in Vaticano	*61*
Musei Vaticani	*79*
Piazza Venezia – Campo de' Fiori	*84*
Ghetto und Trastevere	*88*
Via Appia Antica	*91*
Kartenatlas	*107–119*

Die Buchstaben-Zahlen-Kombinationen im Text verweisen auf die Planquadrate der Karten, z. B.

⇢ S. 119, F 21 Kartenatlas
⇢ Umschlagkarte hinten, c 2
  Verkehrslinienplan

Mit Stadtplan

Rom stellt sich vor

Vielen gilt er als der schönste Platz der Welt, der im 17. Jahrhundert angelegte Petersplatz (→ S. 57). Die Statuen auf den Kolonnaden sind päpstliche Herrschaftssymbole.

Kolosseum und Spanische Treppe, Petersdom, Sixtinische Kapelle und Trevi-Brunnen, unzählige weltberühmte Sehenswürdigkeiten, wie schon Goethe staunend und ehrfurchtsvoll bemerkte.

Auf dem Weg ins dritte Jahrtausend

Roma Wireless, neue Messe, neues Kongresszentrum, neuer Sportkomplex, Metrolinie C, MACRO und MAXXI: Rom ist auf dem Weg ins dritte Jahrtausend: Neue Projekte sollen das Gesicht der Stadt prägen, sie wieder in den Kreis der innovativsten europäischen Metropolen führen.

Seit 2005 läuft die Aktion Roma Wireless (www.romawireless.it), die zunächst die großen Parks (Villa Borghese, Ada, Torlonia, Doria Pamphili), dann das Centro Storico mit Wi-Fi-Zonen versehen hat. Die futuristische Fiera (Messegelände) mit ihrer sechs Meter hohen Verbindungsachse an der Autobahn Rom-Fiumicino nahm im September 2006 ihren Betrieb auf. Spektakulär wird bei seiner Fertigstellung Ende 2010 im EUR-Viertel das Kongresszentrum mit seiner vom römischen Architekten Fuksas geplanten »nuvola« – einer schwebenden »Wolke«. Zwei riesige »Segel« überragen hingegen den vom Spanier Calatrava bis zur Schwimmweltmeisterschaft 2009 fertigzustellenden Sportpark im neuen Univiertel Tor Vergata. Die dritte Metrolinie C, deren erste Teilstrecke im April 2011 eingeweiht wird, verbindet u. a. Ottaviano-San Pietro mit der Piazza Venezia und San Giovanni. Ganz auf zeitgenössische Kunst setzen das MACRO (Museo d'Arte contemporanea di Roma) in der Ex-Brauerei Peroni, dessen neuer Eingangsbau der französischen Architektin Decq 2007 entstand, und das MACRO Future in den ehemaligen Schlachthöfen, dessen zweiter Pavillon ebenfalls 2007 eröffnet wurde. Die anglo-irakische Architektin Zaha Hadid zeichnet für das MAXXI (Museo nazionale delle arti del XXI secolo) in einer ehemaligen Kaserne mit je einem Museum für zeitgenössische Kunst und Architektur verantwortlich.

Für Touristen vervielfältigen sich die Angebote: In den Wi-Fi-Zonen sollen interaktive 3Ds installiert werden, die gezielt auf Besucherwünsche eingehen. Der neue Rom-Pass, der öffentlichen Nahverkehr und Museumstickets vereint, oder die neuen kombinierten Tickets Flughafen Ciampino-Openairbus sowie Openairbus-Museen kommen den Besuchern entgegen (www.atac.roma.it).

Nach vielen Jahren »in restauro« geben Galerie und Museum Borghese den Blick auf ihre hochrangigen Kunstwerke wieder frei, bilden die neu eröffneten Antikensammlungen in den Palazzi Massimo und Altemps mit ihren nie gesehenen Statuen zusammen mit der erstmals zugänglichen Crypta Balbi und den reorganisierten Diokletiansthermen das großartige Museo Nazionale Romano, verbinden die ehemalige Brauerei Peroni und die Ex-Zentrale der Elektrizitätswerke Montemartini Industriearchitektur mit moderner bzw. antiker Kunst. Seit 2006 sind auch das Museo Barracco und die Ara Pacis Augustae wieder zugänglich.

Eine Art antiker Lügendetektor ist die Bocca della Verità (→ S. 55); Lügnern wird hier angeblich die Hand abgebissen.

Nach jahrzehntelangem Stillstand scheint Rom wieder aufzuwachen. Vieles verdankt die Stadt dem 1994 erstmals direkt gewählten Bürgermeister, dem Grünen **Francesco Rutelli**. Sein Nachfolger, der seit 2001 (im Mai 2006 wiedergewählte) ebenfalls an der Spitze eines Mitte-Links-Bündnisses amtierende Linksdemokrat **Walter Veltroni**, schritt noch zielstrebiger in Richtung auf eine lebenswerte, kulturell vitale Stadt fort. Das sommerliche Kulturprogramm der Estate Romana wurde zu einer der anregendsten Veranstaltungen dieser Art in Italien. Konzerte, Theateraufführungen, Freiluftkino, Abendöffnungen der Museen, Besichtigungsprogramme sonst verschlossener Sehenswürdigkeiten – all das freut

Kulturblüte und Verkehrschaos

Einheimische wie Touristen. Erstmals im September 2003 veranstaltete Rom eine »Notte Bianca«, eine ganze Nacht mit Konzerten und Theateraufführungen auf den Plätzen und in den Kirchen der Stadt sowie mit durchgehend geöffneten Museen – alles gratis.

Auf einem weiteren Gebiet konnte Rom in den letzten Jahren zugewinnen: Mit den Scuderie del Quirinale (gegenüber dem Palazzo del Quirinale, www.scuderiequirinale.it), dem Museo del Corso (Via del Corso 320, www.museodelcorso.it), dem Palazzo Ruspoli (Via del Corso 418, www.palazzoruspoli.it), dem Vittoriano (Rückseite des Monumento a Vittorio Emanuele II, www.amrc.it) und dem Chiostro di Bramante (Via della Pace 5,www.chiostrodelbramante.it) verfügt die Stadt über geeignete Räumlichkeiten für hochkarätige Ausstellungen. Zu diesen gesellte sich im Oktober 2007 nach einer gründlichen Restaurierung auch wieder der Palazzo delle Esposizioni (Via Nazionale, www.palazzoesposizini.it).

Eines der größten Probleme der 2,55 Millionen Einwohner zählenden Metropole bekam allerdings auch Veltroni noch nicht in den Griff. Eine Studie der Weltgesundheitsorganisation WHO, im Juni 2000 veröffentlicht, zeigt, dass in Rom die Kleinstteilchen in der Luft im Stadtgebiet den gesetzlich festgelegten Grenzwert von 40 Mikrogramm/Kubikmeter mit einem Wert von 51,2 Mikrogramm/Kubikmeter weit übersteigen. Durch den durch Verkehr verursachten Smog sterben in Rom laut WHO jährlich 1278 Menschen, 10 966 Kinder unter 15 Jahren erkranken an akuter Bronchitis. Nur an den autofreien Sonntagen, die einmal monatlich in Italiens Städten stattfanden, sanken die Smogwerte um mehr als 50 %. Die Berlusconi-Regierung schaffte diese Regelung jedoch ab. In Rom erfreute sich das autofreie Flanieren allerdings so großer Beliebtheit, dass Bürgermeister Veltroni auch weiterhin zumindest die Via del Corso (Samstagnachmittag und sonntags) und die Via dei Fori Imperiali (sonntags) für den Verkehr schließen lässt.

Geduldig zu warten gehört zu den römischen Tugenden. Der Beamte, der einem die Bescheinigung ausstellen kann, sitzt gerade nicht am Schreibtisch – »è andato a prendere un caffè«, er ist in die nächste Bar auf einen Espresso gegangen. Bereits als Hauptstadt des Kirchenstaates lebte

In Rom geht alles seinen (langsamen) Gang

Rom auf Kosten der Christenheit, so wie die Tibermetropole heute in den Augen vieler Norditaliener die Ressourcen des Landes (sprich ihre Steuern) in unendlich vielen Amtsstuben verprasst. Alles geht hier langsam voran, eine Akte braucht ewig, bis sie zurück zum Antragsteller gelangt, möchte man ein Einschreiben auf der

Post aufgeben, muss man eine längere Warteschlange in Kauf nehmen. Inzwischen kommt man mit der Signora vor einem ins Gespräch, der Ragazzo hinter einem macht der hübschen Amerikanerin schöne Augen, und man findet sich mitten im römischen Alltag. Die Stadt lebt seit Jahrhunderten vom Dienstleistungssektor, und aus Erfahrung wissen die Römer: Bittsteller und Kunden kommen ganz bestimmt wieder – was bleibt ihnen sonst auch übrig.

Ein lückenlos durchorganisierter Tagesablauf lässt sich in Rom kaum verwirklichen. Auch als Tourist wird man mal einen Museumsflügel geschlossen vorfinden, weil die Großmutter des zuständigen Wärters zum Arzt musste, oder vor einer Kirche

Italienische Lebensart

warten, obwohl doch deutlich »Apertura 15–17 h« an der Tür steht – der zuständige Pfarrer dehnt seine Mittagspause einfach ein wenig aus. Aber gerade die Leichtigkeit, mit der die Einheimischen solche Situationen überspielen, mit einem lächelnden »mi dispiace«, es tut mir Leid, vom Tisch wischen, gehört zur liebenswerten römischen Lebensart.

Wer die »echten« Römer kennen lernen möchte, muss die Stadt zu Fuß erkunden. Der unübersehbare, vom Verkehr zerfressene Moloch gewinnt so allmählich ein Gesicht. Die einzelnen Viertel, die römischen »rioni«, treten einem als in sich geschlossene Einheiten, fast als selbstständige Orte mit jeweils eigener Atmosphäre entgegen.

Noch immer beherrscht der »popolo« (die kleinen Leute) den **Campo de' Fiori** und das ehemalige **Ghetto** auf der linken Tiberseite, auch wenn sich hier ebenso wie bereits in **Trastevere** viele Anzeichen von Sanierungen finden, die zahlungskräftigeren Römern und Ausländern Wohnraum in diesen zentralen Vierteln schaffen. Ganz der gehobenen Bourgeoisie gehört **Parioli** mit seinen eleganten Villen im Grünen. Rund um die Città Universitaria, der einst von Mussolini angelegten Uni-Stadt in **San Lorenzo**, prägen Studenten und Professoren das Bild. Hier entwickelte sich in den letzten Jahren eine lebhafte Kneipen- und Restaurantszene, die mit dem einst sehr alternativen, heute schon fast etablierten Nachtleben rund um Roms Schuttberg **Testaccio** zu den interessantesten der Stadt zählt. Unzählige Zuwanderer, die so genannten »extracommunitari« (Nicht-EU-Bürger), verwandeln den Markt in der Nähe der **Piazza Vittorio Emanuele II** und die angrenzenden Straßen in ein multikulturelles Shoppingzentrum.

Wer an der **Piazza di Spagna** wohnt oder einkauft, flaniert gewöhnlich in der neuesten Mode von Armani und trägt auch bei milden Temperaturen im Februar noch einen Pelzmantel.

Römer aller Schichten gleichermaßen lieben den Spaziergang auf dem **Pincio** und in der **Villa Borghese**, wo die Bambini ungestört herumtollen können, sowie das Herz der Stadt, die sympathische, lebhafte, stilvolle **Piazza Navona**. An lauen Sommerabenden unterhalten auf diesem stimmungsvollen Platz Jongleure und Feuerschlucker das Publikum: Elegant gekleidete ältere Herrschaften genießen in einem der teuren Caffès ihren Aperitivo, die Jugend im modischen Outfit umwandert zum zehnten Mal den Platz, heftig gestikulierend, bis schließlich einer aus der Gruppe in Romanesco, dem charakteristischen, ein wenig vulgär klingenden römischen Dialekt, meint: »annamo a manià« – gehen wir essen!

Rom, die bereits über 2000 Jahre alte Stadt, ist jung geblieben. Sie hat sich nicht in ein Museum verwandelt. In den Barockpalästen wird gewohnt, gearbeitet und gefeiert, wie es auch in früheren Jahrhunderten der Fall war. Man lebt mit, in und auf den römischen Resten: Fast respektlos scheint der Umgang mit einstiger Größe, obwohl die Römer natürlich ungeheuer stolz auf ihre Geschichte und ihre Stadt sind.

Seit dem Mittelalter werden antike Gebäude umgewandelt, neuen Funktionen zugeführt, zu Kirchen und Festungen »weiterverarbeitet«, auf gewisse Art recycelt. Römisches findet man praktisch überall. Wer nur ein wenig gräbt, trifft auf Altertümer. Erst einmal untersuchen die Archäologen die wertvollen Funde, dann kann weitergebaut werden. Aber nicht nur im Untergrund, auch darüber sind die Spuren der Antike unübersehbar. Die Säulenreihen der Kirchen stammen zum Großteil aus antiken Tempeln, hier findet sich ein Relief in eine Wand eingemauert, dort bildet ein Architrav den Türstock, viele Häuser Roms stehen außerdem auf antiken Fundamenten.

Trotz all der Verluste durch die Jahrhunderte, trotz Plünderungen und Zerstörungen, vom Vandaleneinfall 455 bis zu den Landsknechten Kaiser Karls V. 1527, blieb so viel erhalten wie nirgendwo sonst: füllen Statuen, Mosaike, Reliefs und Malereien die Museumssäle, stehen noch immer ganze Tempel in Rom, schmücken weltberühmte Fresken Kirchen und Barockpaläste.

Rom ist eine vielschichtige Stadt. Antike, frühchristliche Kunst und Barock hinterließen ihre Spuren bis heute im Straßenbild, nicht anders als die Aufbruchszeit nach der Einigung Italiens, als Rom 1871 Hauptstadt des Landes wurde, und die faschistische Ära unter Mussolini. Die Präsenz des Vatikans mit seinem Oberhaupt, dem Papst, die Gräber der Apostel Petrus und Paulus sowie unzähliger Märtyrer und Heiliger ziehen Millionen Gläubige alljährlich in die Hauptstadt der katholischen Christenheit. Im Alltagsleben der Römer spielt der Papst im Vatikan allerdings ebenso wenig eine Rolle wie der italienische Staatspräsident auf dem Quirinal.

Auch die Besucher der Stadt sind eingeladen, nicht nur antike Pracht und Michelangelos wunderschöne Fresken zu bestaunen, sondern sich auf das Rom von heute, auf den Alltag der Römer einzulassen.

Antike Tempel und römischer Alltag

Von Michelangelo stammt die schöne Freitreppe vor dem Senatorenpalast (→ S. 40).

Gewusst wo …

Bei einem Cappuccino oder einer Aranciata und einem Gespräch mit Freunden genießen die Römer das Leben – am besten in einem der unzähligen Cafés der Stadt.

Mondän übernachten, grandios essen, nobel shoppen und bis in die Nacht feiern – in der Ewigen Stadt gibt es unendlich viele Möglichkeiten für einen individuellen Urlaub.

Übernachten

Ob im Grünen oder in der Stadt, mit Garten oder wunderbarem Ausblick – man wohnt stets stilvoll.

Ein Nobelhotel, das viele erlauchte und betuchte Gäste beherbergen durfte: Das Hassler-Villa Medici gehört zur Elite der italienischen Nachtquartiere.

Übernachten

Eine Nacht für 20 000 Euro? Die können Sie in der Suite »Villa La Cupola« im Excelsior an der Via Veneto verbringen. Natürlich gibt es auch billigere Übernachtungsmöglichkeiten, doch für ein relativ zentrumsnahes Doppelzimmer in einem Mittelklasse-Haus müssen Sie schon mit 120–160 € rechnen. Preisgünstiger schläft man in einem der 11 000 Betten der religiösen Institute. Seit einigen Jahren kann man auch in einem Bed & Breakfast übernachten. Reservieren Sie rechtzeitig, denn gerade die Hotels der mittleren Preisklasse sind an Ostern oder Weihnachten sowie im Frühjahr häufig »completo« (ausgebucht). Im Sommer bieten viele Hoteliers günstigere Angebote, und auch die Hotelbuchung zusammen mit einem Flug hilft sparen.

Kostenlose Hotelreservierung täglich von 8.30–20.30 Uhr unter Tel. 0 66 99 10 00 (auch deutsch- oder englischsprachig), im Internet unter www.rexervation.com oder unter www.italyhotel.com sowie am Bahnhof Roma Termini (tgl. 7–22 Uhr) und an den Flughäfen Leonardo da Vinci und Ciampino (beide tgl. 7–23 Uhr).

HOTELS ●●●●

Eden ·····> S. 114, B 14
Stilvolle Eleganz. Von vielen Zimmern herrlicher Blick, den man auch vom hauseigenen Restaurant Terrazza bei einem köstlichen Essen genießt.
Via Ludovisi 49; Tel. 06 47 81 21, Fax 0 64 82 15 84; www.lemeridien.com/eden; Elektro-Bus 116 oder Metro Barberini (d 2); 121 Zimmer ●●●● CREDIT

Excelsior ·····> S. 114, B 14
Das Hotel bietet die teuerste Suite der Stadt. In die Piano Bar Excelsior und das Gran Caffè Doney zieht es auch Nicht-Hotelgäste.
Via Vittorio Veneto 125; Tel. 0 64 70 81, Fax 0 64 82 62 05; http://excelsior. hotelinroma.com; Elektro-Bus 116 oder Metro Barberini (d 2); 327 Zimmer ●●●● CREDIT

Hassler-Villa Medici ·····> S. 114, A 14
Das Fünf-Sterne-Haus zählt zu den Top-Hotels der Welt. Der Blick über Rom von den Zimmern und der Dachterrasse aus ist einzigartig. Bis ins kleinste Detail ist in diesem Hotel alles erstklassig, elegant und gepflegt.
Piazza Trinità dei Monti 6;
Tel. 06 69 93 40, Fax 0 66 78 99 91;
www.hotelhasslerroma.com;
Metro Spagna (d 2); 95 Zimmer
●●●● CREDIT

Parco dei Principi ·····> S. 110, B 8
Am nördlichen Rand der Villa Borghese genießt man diese Oase der Ruhe in einem herrlichen Park mit Swimmingpool.
Via Frescobaldi 5;
Tel. 06 85 44 21, Fax 0 68 84 51 04;
www.parcodeiprincipi.com;
Tram 3, 19 oder Bus 910;
198 Zimmer ●●●● CREDIT

Sole al Pantheon ·····> S. 113, F 12
An einem der schönsten Plätze der Stadt liegt dieses traditionsreiche Haus. Schallschutzfenster zur Piazza schirmen gegen den Geräuschpegel ab. Geschmackvoll eingerichtete Räume, im Sommer wird das Frühstücksbuffet auf der Terrasse serviert.
Piazza della Rotonda 63;
Tel. 0 66 78 04 41, Fax 0 66 99 40 6 89;
www.hotelsolealpantheon.com;
Elektro-Bus 116; 25 Zimmer
●●●● CREDIT

HOTELS ●●●

Artdeco ·····> S. 115, D 14
Nicht weit vom Hauptbahnhof Roma Termini genießt man in diesem Jugendstilpalazzo ausgezeichneten Komfort. Die hübschen Zimmer sind im Art-déco-Stil gehalten, einige nur für Nichtraucher reserviert. Auf der schönen Terrasse klingt ein erlebnisreicher Romtag entspannt aus.
Via Palestro 19; Tel. 0 64 45 75 88,
Fax 0 64 44 14 83; www.travel.it/roma/ artdeco; Metro Castro Pretorio (d 2);
68 Zimmer ●●● bis ●●●● CREDIT

14 Übernachten

Homs ⇢ S. 114, A 15
Erholsame Atmosphäre mitten im Modezentrum Roms. Zimmer mit doppelten Fensterscheiben und winzigen Bädern. Im Sommer frühstückt man über den Dächern von Rom.
Via della Vite 71/72; Tel. 0 66 79 29 76,
Fax 0 66 78 04 82; www.hotelhoms.it;
Metro Spagna (d 2), Bus 116;
48 Zimmer ●●● CREDIT ♿

Locarno ⇢ S. 113, F 10
Jugendstilhotel, 1925 eröffnet, bei der Piazza del Popolo, stilvolle Zimmer und schöne Gemeinschaftsräume. Im Sommer faszinierender Dachgarten, reichhaltiges Frühstücksbuffet, gratis Fahrräder.
Via della Penna 22; Tel. 0 63 61 08 41,
Fax 0 63 21 52 49; www.hotellocarno.com;
Metro Flaminio (c 2); 66 Zimmer
●●● CREDIT ♿

HOTELS ●●
Borromeo ⇢ S. 114, B 16
Elegantes Hotel in einem Gebäude des 19. Jh., in der Nähe des Forum Romanum. Einladende Empfangshalle und Gemeinschaftsräume. Die großen Zimmer sind schön eingerichtet, auf dem Dachgarten kann man herrlich entspannen.
Via Cavour 117; Tel. 06 48 58 56, Fax 0 64 88 25 41; www.hotelborromeo.com;
Metro Cavour (d 3); 28 Zimmer ●● bis
●●●● CREDIT ♿

Accademia ⇢ S. 114, A 15
Dieses Hotel befindet sich ganz in der Nähe des Publikumsmagneten Fontana di Trevi in einem alten, renovierten Palazzo. Einige der modernen, komfortablen Zimmer sind mit Schallschutzfenstern ausgestattet. Feudales Frühstücksbuffet und Garage. Ein sehr guter Ausgangspunkt für Stadtspaziergänge und Sightseeing.
Piazza Accademia di San Luca 74
(nördl. Piazza di Trevi);
Tel. 06 69 92 26 07, Fax 0 66 78 58 97;
www.accademiahotel.com; Bus 62, 116, 117, 119; 75 Zimmer ●● bis ●●● CREDIT ♿

Arcangelo ⇢ S. 113, D 10
Angenehm geführtes Haus. Stilvolle Einrichtung, einige Zimmer mit Jugendstilscheiben, Kassettendecke.
Via Boezio 15;
Tel. 0 66 87 41 43, Fax 0 66 89 30 50;
www.travel.it/roma/arcangelo;
Bus 81, 492; 33 Zimmer
●● bis ●●● CREDIT

Ariston ⇢ S. 115, D 16
In der Nähe des Hauptbahnhofs findet sich dieses ruhige, komfortable Hotel. Die Einrichtung der Zimmer beweist Geschmack, das Personal überzeugt durch seine Freundlichkeit.
Via F. Turati 16; Tel. 0 64 46 53 99,
Fax 0 64 46 53 96; www.hotelariston.it;
Metro Termini (c 2); 100 Zimmer
●● bis ●●● CREDIT ♿

Britannia ⇢ S. 114, C 15
Elegantes, modernes Hotel, das zentral auf dem Viminal liegt. Freundlicher Familienbetrieb, Zimmer mit Schallschutzfenstern, American Bar und sehr fein ausgestatteten Bädern.
Via Napoli 64; Tel. 0 64 88 31 53,
Fax 06 48 98 63 16; www.hotelbritannia.it;
Bus 64 oder Metro Repubblica (d 2);
33 Zimmer ●● bis ●●● CREDIT 🐕

Concordia ⇢ S. 114, A 15
Gleich bei der Spanischen Treppe liegt dieses renovierte Hotel. Gut eingerichtete, große Zimmer mit doppelten Fensterscheiben. Terrasse mit Blick auf den Petersdom.
Via Capo Le Case 14; Tel. 0 66 79 19 53,
Fax 0 66 79 54 09; www.concordiahotel.it;
Metro Spagna (d 2), Bus 116, 117, 119;
24 Zimmer ●● bis ●●● CREDIT

Due Torri ⇢ S. 113, F 11
Angenehmes und freundliches Hotel im malerischen Gassengewirr nördlich der Piazza Navona mit sehr unterschiedlich großen Zimmern.
Vicolo del Leonetto 23;
Tel. 0 66 87 69 83, Fax 0 66 86 54 42;
www.hotelduetorriroma.com; Bus 87, 116; 26 Zimmer ●● bis ●●● CREDIT

Übernachten 15

Mozart ⟶ S. 113, F 10
Im Herzen der Innenstadt liegt dieses Hotel in einer ruhigen Straße in der Fußgängerzone. Gepflegte, kleine Zimmer, Frühstücksbuffet.
Via dei Greci 23/b; Tel. 06 36 00 19 15, Fax 06 36 00 17 35; ww.hotelmozart.com; Metro Spagna (d 2) oder Bus 117, 119; 56 Zimmer ●● bis ●●● CREDIT ♿

San Francesco ⟶ S. 117, E 18
Charmantes Hotel in einem ehemaligen Seminar in Trastevere. Schönes Design, geschmackvolle Zimmer, Frühstücksbuffet, Wi-Fi, Garage in der Nähe. Roof Bar, um den Tag in Rom romantisch ausklingen zu lassen.
Via Jacopa de' Settesoli 7; Tel. 06 58 30 00 51, Fax 06 58 33 34 13; www.hotelsanfrancesco.net; Tram 8; 24 Zimmer ●● bis ●●● CREDIT

Sant' Anna ⟶ S. 112, C 11
Zwischen Engelsburg und Petersdom wohnt man in dem Palazzo des 16. Jh. komfortabel unter Gewölben. Das wohltuende Ambiente ist ein schöner Kontrast zur Großstadt.
Via Borgo Pio 133; Tel. 06 68 80 16 02, Fax 06 68 30 87 17; www.hotelsantanna.com; Bus 62; 20 Zimmer ●● bis ●●● CREDIT 🐕

Sant' Anselmo ⟶ S. 117, F 18
Mitten im Grünen liegt dieses ruhige Haus. Im Sommer wird das Frühstück im Garten serviert; freundliches Personal und einige Zimmer mit schöner Aussicht.
Piazza di Sant'Anselmo 2; Tel. 06 57 00 57, Fax 0 65 78 36 04; www.aventinohotels.com; Bus 23, 280, Tram 3 oder Metro Circo Massimo (c 3); 45 Zimmer ●● bis ●●● CREDIT

Spring House ⟶ S. 112, B 10
Saubere Zimmer mit allem Komfort, zur Straße hin mit Schallschutzfenstern. Frühstücksbuffet. In wenigen Minuten erreicht man den Petersplatz und die Vatikanischen Museen.
Via Mocenigo 7, nahe Via Candia; Tel. 06 39 72 09 48, Fax 06 39 72 10 47; www.hotelspringhouse.com; Metro Cipro (c 2); 35 Zimmer ●● bis ●●● CREDIT

Alpi ⟶ S. 115, D 14
In einem Palazzo der Jahrhundertwende, mit einem Hauch Jugendstil in der Einrichtung. Freundliches Haus, erstklassiges Frühstücksbuffet.
Via Castelfidardo 84/A; Tel. 0 64 44 12 35, Fax 0 64 44 12 57; www.hotelalpi.com; Metro Termini (d 2) oder Bus 36; 48 Zimmer ●● CREDIT ♿ 🐕

Viele römische Hotels besitzen hübsche Dachterrassen, oftmals als grüne Oasen im Häusermeer gestaltet, die einen herrlichen Blick über die Dächer Roms gewähren.

Übernachten

> **MERIAN-Tipp**
>
> ### ⭐ 1 Übernachten im Kloster
>
> Eine Liste der Klöster, die auch Gäste aufnehmen, erhalten Sie:
>
> beim Ufficio parrocchiale (Pfarramt) der deutschen katholischen Nationalkirche Santa Maria dell' Anima, Via Santa Maria dell' Anima 64, 2. Stock; Tel. 06 68 80 13 94; www.santa-maria-anima.it; Mo–Fr 8.30–13, 14–17 Uhr
> ⇢ S. 113, E 12
>
> sowie:
> beim Deutschen Pilgerzentrum, Via della Conciliazione 51; Tel. 0 66 89 71 97, Fax 0 66 86 94 90; www.pilgerzentrum.de; Mo–Fr 8.30–18, Sa 8.30–12.30 Uhr; ein Doppelzimmer mit Bad kostet in einem Kloster zwischen 70 € und 100 €.
> ⇢ S. 112, C 11

Amalia ⇢ S. 112, C 10
Gutes Preis-Leistungs-Verhältnis in diesem familiär geführten Hotel, in der Nähe des Vatikans.
Via Germanico 66;
Tel. 06 39 72 33 56, Fax 06 39 72 33 65; www.hotelamalia.com; Metro Ottaviano (c 2); 30 Zimmer ●● CREDIT

Arenula ⇢ S. 117, F 17
Gepflegtes Haus mit freundlichem Personal, zentral im Ghetto gelegen.
Via Santa Maria dei Calderari 47 (Seitenstraße der Via Arenula);
Tel. 0 66 87 94 54, Fax 0 66 89 61 88; www.hotelarenula.com/indexit.htm; Bus 64 + Tram 8; 50 Zimmer ●● CREDIT

Aventino 👶 ⇢ S. 117, F 18
Nettes, kleines Hotel, komfortabel und sauber, mit hübschem Garten. Auch 3- und 4-Bett-Zimmer.
Via di San Domenico 10;
Tel. 06 57 00 57, Fax 0 65 78 36 04 ; www.aventinohotels.com; Bus 23, 280 oder Metro Circo Massimo (c 3), Tram 3; 23 Zimmer ●● CREDIT ♿ 🐕

Bled ⇢ S. 119, E 21
Dieses Hotel wartet mit gut eingerichteten Zimmern auf, von denen viele einen Balkon haben. Für 10 € pro Tag können Sie auch Ihr Auto parken.
Via Santa Croce in Gerusalemme 40; Tel. 0 67 02 78 08, Fax 0 67 02 79 35; www.leonardihotels.com/Bled; Tram 5, 14 oder Bus 649; 47 Zimmer ●● CREDIT

Canada ⇢ S. 115, E 15
Ein Hotel der Best-Western-Gruppe, Familienbetrieb mit langer Tradition, der gern die Wünsche der Gäste erfüllt. Große, sorgfältig eingerichtete Zimmer.
Via Vicenza 58;
Tel. 0 64 45 77 70, Fax 0 64 45 07 49; www.hotelcanadaroma.com; Metro Castro Pretorio (d 2); 70 Zimmer ●● CREDIT

Sole ⇢ S. 113, E 12
Ein schöner kleiner Bau, mit Garten im Innenhof und hübschen Terrassen zum Relaxen. Einfache Ausstattung, aber viel Atmosphäre. Es steht auch eine Garage zur Verfügung.
Via del Biscione 76; Tel. 06 68 80 68 73, Fax 0 66 89 37 87; www.solealbiscione.it; Bus 64, 116; 60 Zimmer ●● ✉ 🐕

Hotels ●

Cisterna ⇢ S. 117, E 17
Mitten in Trostevere gelegen. Einfache Ausstattung der Zimmer, hübscher Innenhof zum Ausruhen. Garagenplatz auf Wunsch.
Via della Cisterna 8;
Tel. 0 65 81 72 12, Fax 0 65 81 00 91; www.cisternahotel.it; Bus 64 und Tram 8; 20 Zimmer ● bis ●● CREDIT 🐕

Fiori ⇢ S. 114, B 16
Kleines Hotel im ersten und dritten Stock eines Palazzo. Bequeme Zimmer mit doppelten Fensterscheiben und Ventilator. Ausgezeichnete Lage.
Via Nazionale 163;
Tel. 0 66 79 72 12, Fax 0 66 79 54 33; www.travel.it/roma/hotelfiori; Bus 64; 19 Zimmer ● bis ●● CREDIT

Übernachten

Orazia ⇢ S. 119, D 21
Sehr günstig gelegenes Haus, das durch einen freundlichen, aufmerksamen Service überzeugt. Einladende Zimmer, italienische und internationale Zeitungen liegen auf.
Via Buonarroti 51;
Tel. 0 64 46 72 02, Fax 0 64 46 72 26;
www.hoteloraziaroma.it;
Metro Vittorio Emanuele (d 2/3);
28 Zimmer ● bis ●● CREDIT

Pensione Parlamento ⇢ S. 114, A 15
Im Herzen Roms, bei der zentralen Einkaufsstraße Via del Corso gelegen, bietet dieses kleine Hotel eine angenehme, einladende Atmosphäre. Einfache, aber gepflegte Zimmer mit doppelten Fensterscheiben.
Via delle Convertite 5; Tel. und Fax 06 69 92 10 00; www.hotelparlamento.it;
Metro Spagna (d 2) oder Bus 117, 119;
23 Zimmer ● bis ●● CREDIT

Pomezia ⇢ S. 113, F 12
Freundlicher Familienbetrieb, die Zimmer sind zwar klein, aber sauber und preisgünstig, die Lage beim Campo de' Fiori ideal.
Via dei Chiavari 13;
Tel. und Fax 0 66 86 13 71;
www.hotelpomezia.it; Bus 64;
24 Zimmer ● bis ●● CREDIT

Santa Prassede ⇢ S. 114, C 16
Rundum restauriertes Haus, gleich bei der Kirche Santa Maria Maggiore, freundlicher Familienbetrieb.
Via di Santa Prassede 25;
Tel. 0 64 81 48 50, Fax 0 64 74 68 59;
www.hotelsantaprassede.it; Metro Termini (d 2) oder Bus 70, 71, 714;
20 Zimmer ● bis ●● CREDIT

Luzzatti ⇢ S. 119, E/F 21
Hauptsächlich junges Publikum in diesem kleinen, einfachen und sauberen Hotel. Alle Zimmer mit Bad.
Via Luigi Luzzatti 3; Tel. 0 67 00 49 78, Fax 0 67 00 43 76; www.hotelluzzatti.it;
Tram 5, 14, Bus 649; 14 Zimmer
● DINERS MASTER VISA

San Pietrino ⇢ S. 112, B/C 9
Der Familienbetrieb im 3. Stock eines alten Hauses aus dem 19. Jh. bietet frisch renovierte, saubere Zimmer.
Via G. Bettolo 43; Tel. 0 63 70 01 32, Fax 0 63 70 18 09; www.sanpietrino.it;
Metro Ottaviano (c 2); 12 Zimmer ● CREDIT

APARTMENTS

Bed and go ⇢ S. 112, A 9
Freundliche Beratung, falls Sie ein Apartment oder Zimmer in Rom suchen. Die Apartments kosten zwischen 95 und 170 € pro Tag.
Via San Tommaso d'Aquino 47;
Tel. 06 39 75 09 07, Fax 06 39 76 05 53;
www.bedandgo.it; Metro Cipro (c 2)

BED & BREAKFAST

Bed & Breakfast Association of Rome ⇢ S. 117, E 20
Vermittelt sowohl B & B als auch Apartments. B & B kosten zwischen 46 und 100 €, Apartments zwischen 84 und 230 €.
Via A. Pacinotti 73, sc. E;
Tel. 06 55 30 22 48, Fax 06 55 30 22 59;
www.b-b.rm.it; Tram 8.

Auf der Webseite der Touristeninfo www.romaturismo.it findet man neben Hotels ebenfalls B & Bs und Ferienwohnungen.

An der Villa Borghese befindet sich das Hotel Parco dei Principi (→ S. 13).

Essen und Trinken

Essen gehen ist eine Lieblingsbeschäftigung der Römer – man isst ausgiebig, spät und wenig Pasta.

Wunderbare Küche in Kombination mit atemberaubender historischer Architektur – in Rom gibt es das auf vielen Plätzen, wie hier auf der Piazza Rotonda.

Essen und Trinken

Zu den beliebtesten Freizeitaktivitäten aller Römer zählt Essen gehen, und zwar gemeinsam, möglichst mit vielen Freunden oder der ganzen Familie und am liebsten »all' aria aperta« – im Freien. Stundenlang wird dann gespeist, von den »antipasti« isst man sich langsam und genüsslich über die »primi piatti« und die »secondi« mit »contorno« durch bis zu den »dolci«. Ob Trattoria, Osteria, Restaurant oder Pizzeria spielt dabei keine Rolle, die Unterschiede verwischen sich ohnehin zwischen den einzelnen Kategorien. Wenn Sie mit römischen Freunden zum Essen verabredet sind, kann es Ihnen allerdings auch passieren, dass Sie beim Inder, Japaner oder Thai landen – asiatische Küche ist nämlich gerade sehr »in« in Rom!

Mittags und abends isst der Römer, das Frühstück fällt hingegen eher einfach aus. Ein Espresso (»caffè«) oder Cappuccino im Stehen und

Frühstück – am besten in der Bar

ein Hörnchen (»cornetto«, »brioche«) dazu und fertig. Wer gemütlich im Sitzen seinen Kaffee trinken möchte, sollte beachten, dass es in allen italienischen Bars zwei Preise (an einer Tafel angezeigt) gibt: einen für den Verzehr im Stehen und einen (höheren) für den im Sitzen! Die »colazione« (Frühstück) in den Hotels lohnt nur dann, wenn Sie in einem internationalen Haus an einem dieser exzellenten Buffets frühstücken – sonst lieber ab in die nächste Bar!

Nach so einem römischen Frühstück bekommen Sie vormittags Hunger? Machen Sie es wie die Einheimischen. Ein »tramezzino«, eine »pizzetta« oder noch ein süßes Stückchen (»pezzo dolce«) hilft Ihnen bis zum Mittagessen weiter. Und falls Sie mittags ebenfalls nur eine Kleinigkeit zu sich nehmen möchten, können Sie sich wiederum in eine Bar begeben. Viele Römer werden es Ihnen gleichtun, sei es aus Gründen der schlanken Linie, sei es, weil ihnen ihre Mittagspause nicht die Zeit lässt, zum

Fastfood all' italiana

Essen nach Hause in eine der Schlafstädte der Vororte zu fahren. Auf die Bedürfnisse einer ständig größer werdenden Klientel stellte sich auch die römische Gastronomie ein – mit Fastfood all'italiana. Keine Hamburger mit Pommes frites also, sondern Bars, »trattorie« und Restaurants, die mittags günstige Tagesgerichte anbieten, meist nur aus einem Gang bestehend: eine Pasta oder ein Hauptgericht mit Beilagen oder die verschiedensten kalten Leckereien und Salate. Gut essen, begleitet von einem exzellenten Tropfen, kann man auch in den »wine bars«, wie die Enotheken, die entweder kalte Brotzeiten oder kleine warme Speisen anbieten, in Rom so schön heißen. Mittag gegessen wird in Rom zwischen 13 und 15.30 Uhr, wenn auch viele Geschäfte und Kirchen geschlossen sind.

Vor dem Abendessen ein Aperitivo: auch in Rom groß in Mode. Viele Bars und Caffès bieten meist um 18/19 Uhr eine Riesenauswahl an Snacks und kleinen Gerichten zum Drink! Abends interessieren dann kaum einen Römer mehr Kalorien oder Kleinigkeiten, abends wird geschlemmt. Denn man geht nicht, wie etwa bei uns, nach dem Abendessen noch etwas trinken, sondern man verbringt den Abend mit Essen, das ohnehin nicht vor 21 Uhr, im Sommer oft auch

Dopoteatro – Abendessen um Mitternacht

erst gegen 22 Uhr beginnt. »Dopoteatro« (wörtlich: nach dem Theater) bedeutet, dass man sogar noch später isst, also erst ins Theater, Kino

Essen und Trinken

> **MERIAN-Tipp**
>
> **2 Sonntagsbrunch**
>
> Nicht typisch italienisch, aber er kommt auch bei den Römern immer mehr in Mode. Aus den inzwischen zahlreichen Möglichkeiten, in der Ewigen Stadt genüsslich zu frühstücken, seien nur drei herausgegriffen. In der Buchhandlung Bibli (→ S. 27) lässt man sich jede Woche (Sa, So) neue Gaumenfreuden im hübschen Hof zwischen 12.30 und 15.30 Uhr für 16 € schmecken. Vegetarier treffen sich im Margutta (→ S. 23) ab 12.30 Uhr für 25 € zu »All you can eat«. 22 € zahlt man für den Italian Brunch mit Mozzarella, Salaten und Nudelgerichten bei Obika (→ S. 25) von 12–15.30 Uhr, der übrigens auch samstags angeboten wird.

oder ein Konzert geht und anschließend ins Restaurant – die Auswahl der Lokale, in denen man auch um Mitternacht noch ausgiebig speisen kann, ist in Rom daher groß.

Wollen Sie sicher sein, einen Platz zu bekommen, vor allem im Sommer draußen, sollten Sie reservieren. Beachten Sie, dass man in Speiselokalen mehr als einen Salat essen sollte. Die italienische Sitte, ein »coperto« (Gedeck) extra auf der Rechnung auszuweisen, schuf Bürgermeister Rutelli für Rom ab. Viele Lokale verlangen aber einen »servizio« zwischen 10 und 15 Prozent. Bei zufriedenstellendem Service lässt man ein Trinkgeld von 5 bis 10 Prozent auf dem Tisch liegen, wenn man geht. Kreditkarten werden in praktisch allen Restaurants akzeptiert. Lassen Sie sich eine ordnungsgemäße Rechnung (»ricevuta fiscale«) ausstellen, und heben Sie diese auf jeden Fall bis zu 200 m nach dem Verlassen des Lokals auf – sonst droht Ihnen eine empfindliche Geldstrafe von Seiten der Finanzpolizei.

Die traditionelle römische Küche gilt als Arme-Leute-Küche. Während Päpste und Kardinäle schlemmten, blieben dem Volk die Überreste dieser Gastmähler.

Auf dieser Grundlage entwickelten sich die charakteristischen Gerichte der Hauptstadt, die vor allem auf Innereien und dem überaus wohlschmeckenden Milchlamm basieren. Am besten mundet das »abbacchio« aus dem Ofen oder »a scottadito« – Lammkoteletts, an denen man sich leicht die Finger verbrennen kann (»scottare le dita«).

Zu den klassischen römischen Antipasti zählen die »fritti« (Frittiertes) wie die unübertroffenen Kürbisblüten (»fiori di zucca«), »olive all' ascolana« (mit Fleisch gefüllte und frittierte Oliven), Kartoffelkroketten (»crocchette di patate«), »supplì« (Reisbällchen mit Käsefüllung) sowie die »bruschette« (geröstetes Brot mit Olivenöl und Knoblauch). Mit »bucatini« (Spagetti mit Loch), »rigatoni« (kurze Röhrennudeln), »tonnarelli« (ebenfalls Röhrennudeln) und »fettuccine« wären die typischen Nudeln genannt. Sie werden »cacio e pepe« (mit Käse und Pfeffer), »alla carbo-

Römische Spezialitäten

nara« (mit Bauchspeck und Ei) oder »all' amatriciana« (Wangenspeck, Pecorino-Käse, scharfen »peperoncini« und Tomaten) serviert. »Gricia« heißt eine »amatriciana« ohne Tomaten. Gern gegessen werden in Rom auch Hülsenfrüchte, etwa »pasta e ceci« oder »vignarola« (eine dicke Suppe auf der Basis von Saubohnen, Erbsen, Artischocken und Wangenspeck), sowie köstliche Nudel-Gemüse-Kombinationen wie etwa »pasta e broccoli«.

Falls Sie Innereien nicht mögen, sollten Sie folgende Gerichte meiden: »trippa« (Kutteln), »animella« (Kalbsgekröse), »coratella« (Innereien vom Lamm), »fegatelli« (Leber), »rogno-

Artischocken, »carciofi«, sind typische Beilagen der römischen Küche.

ni« (Nieren) und »nervetti« (Knorpel). Die am meisten verwendete Innerei der Hauptstadt, die »pajata« (Gedärm eines Milchlamms), findet sich als Soße zu Nudeln und zum Fleisch, aber auch als Hauptgericht. »Coda alla vaccinara« ist ein mit Sellerie, Pinienkernen und Rosinen gekochter Ochsenschwanz, »saltimbocca alla romana« ein Kalbsröllchen mit rohem Schinken und Salbei, und »straccetti« sind in der Pfanne gebratene Kalbsschnitzelstreifen, die mit Rucola oder feinen »porcini« (Steinpilzen) gemischt werden.

Zu den typisch römischen Beilagen gehören »carciofi« (Artischocken), eine Tradition der jüdischen Gemeinde Roms aufnehmend »alla giudìa«, und »puntarelle« (eine Zichorienart mit langen Blättern und Sprossen), die mit einer Salatsoße aus Sardellenfilets angemacht werden. Die am häufigsten in der Küche der Hauptstadt verwendeten Fische sind »baccalà« (Stockfisch), »rombo« (Steinbutt) und »arzilla« (Rochen).

Bei den Nachtischen schwächelt die traditionelle Kochkunst etwas, aber die »torta di ricotta« (ein Blätterteigmantel umhüllt eine Art Quark) und das legendäre hausgemachte Eis (»gelato«) werden Sie bestimmt nicht enttäuschen.

Weine aus der Umgebung

In Rom trinkt man in erster Linie Wein aus dem Latium. Marken mit der Bezeichnung DOC und DOCG stammen aus garantierten (und kontrollierten) Anbaugebieten. Unterschieden werden die Weine in lieblich (»amabile«) und trocken (»secco«).

Zu den bedeutendsten Weißweinen der Region zählen der Weiße der Castelli Romani, der Colli Albani und der Colli Lanuvini, der Est!Est!Est! aus Montefiascone, der Frascati, den Sie auch süß und spritzig bekommen (»cannellino«), der Zagarolo sowie der hervorragende Marino. Der rote Cesanese del Piglio aus dem Süden Roms gehört wie der Colli Etruschi Viterbesi und der Velletri Rosso zu den guten Rotweinen, der Aleatico di Gradoli zu den ausgezeichneten Dessertweinen.

Essen und Trinken

RESTAURANTS ●●●●
Checchino dal 1887 ⤳ S. 117, F 20
Eine der ersten Adressen für »einfache« römische Küche auf höchstem Niveau. Exzellente Weine, Käse und Süßspeisen. Günstigere Mittagsteller.
Via Monte Testaccio 30; Tel. 0 65 74 38 16; www.checchino-dal-1887.com;
Metro Piramide (c 3); Di–Sa 12.30–15, 20–24 Uhr, Aug. geschl. ●●●● CREDIT

Harry's Bar ⤳ S. 114, B 14
Der Pianist begleitet die Gerichte in diesem eleganten Lokal, das zu den Mythen der Via Veneto gehört.
Via Vittorio Veneto 150; Tel. 06 48 46 43; www.harrysbar.it; Bus 116, 119; Mo–Sa 12.30–15, 19.30–1 Uhr ●●●● CREDIT

La Pergola ⤳ S. 108, nördl. A 3–4
Vielleicht das eleganteste Restaurant Roms, mit einer überwältigenden Aussicht auf die Stadt. Internationale Küche auf hohem Niveau. Das Lokal gehört zum Hotel Hilton.
Via Alberto Cadilolo 101; Tel. 06 35 09 21 52; www.cavalieri-hilton.it; Metro Cipro (c 2) und Bus 907; Di–Sa 19.30–22 Uhr ●●●● CREDIT

Papa Giovanni ⤳ S. 113, F 12
Raffinierte italienische Küche mit einer sehr persönlichen Note. Hervorragende traditionelle römische Gerichte wie »trippa« und Nudeln »cacio e pepe«. Hausgemachte Früchtesorbets.
Via dei Sediari 4; Tel. 06 68 80 48 07; www.ristorantepapagiovanni.it; Bus 64, 116; Mo–Sa 12.30–15, 19.30–24 Uhr
●●●● CREDIT

Sabatini ⤳ S. 117, E 17
Den Blick zahlen Sie mit! Aber wer möchte nicht gern einmal auf dieser stimmungsvollen Piazza beim leisen Plätschern des Brunnens und im Angesicht der flanierenden Römer speisen? Klassische römische Küche.
Piazza Santa Maria in Trastevere 18; Tel. 0 65 81 20 26; Bus 23, 125, Tram 8; Di–So 12.45–14.30, 19.45–23.30 Uhr
●●●● CREDIT

RESTAURANTS ●●●
Piperno ⤳ S. 117, F 17
Herausragende »carciofi alla giudìa« weisen auf die Spezialitäten dieses Lokals im Ghetto hin. Hier wird jüdisch-römische Kochkunst gepflegt, versuchen Sie den frittierten Stockfisch, aber auch »trippa«, »coda«, »coratella« und »abbacchio«. Nudeln und Gnocchi sind hausgemacht. Im Sommer sitzt man auf der Piazzetta.
Via Monte de' Cenci 9; Tel. 06 68 80 66 29; www.ristorantepiperno.com; Bus 64 und Tram 8; tgl. 12.45–14.30, 20–22.30 Uhr, So abends, Mo und Aug. geschl.
●●● bis ●●●● CREDIT

Checco er Carrettiere ⤳ S. 117, E 17
Römischer geht es wirklich nicht mehr! Charakteristisches Ambiente in Trastevere und traditionelle römische Spezialitäten, aber auch wohlschmeckende Fischgerichte, etwa die köstlichen Spaghetti mit Muscheln.
Via Benedetta 10; Tel. 0 65 81 70 18; Bus 23, 125; Mi–Mo 12.30–15, 19.30–23.15 Uhr ●●● CREDIT

Myosotis ⤳ S. 113, F 11
Signora Angela bäckt die wohlschmeckenden Brotsorten selbst, Ehemann oder Sohn bedienen die Gäste: ein sympathischer Familienbetrieb mit ausgezeichnetem Angebot. Probieren Sie doch einmal die Hülsenfrüchtesuppe »zuppa di legumi misti« und das Schweinefilet mit dem exzellenten »pecorino di fossa«!
Vicolo della Vaccarella 3–5 (Querstraße der Via della Scrofa); Tel. 0 66 86 55 54; www.myosotis.it; Bus 87, 116; Mo–Sa 19.30–23.30 Uhr, Aug. geschl. ●●● CREDIT

RESTAURANTS ●●
Nino ⤳ S. 114, A 15
Seit mehr als 50 Jahren kocht hier die gleiche Familie für Modeschöpfer und ihre Kunden toskanisch pur. Hervorragend die hausgemachte Pasta mit Pilzen oder schwarzem Trüffel. Ansprechender Service; mittags gibt es ein günstigeres Menü.

Essen und Trinken

Via Borgognona 11; Tel. 0 66 79 56 76;
Metro Spagna (d 2); Mo–Sa 12.30–15,
19.30–23 Uhr, Aug. geschl.
●● bis ●●●● CREDIT

Caffè degli Arti ⋯⋯› S. 109, F 4
Einer der schönsten Plätze, um im Sommer im Freien zu essen. Begleitet von Pianomusik speist man romantisch bei Kerzenlicht, vielleicht nach dem Besuch der Galleria Nazionale d' Arte Moderna, zu der diese Bar/Restaurant gehört. Mittags günstige Angebote, abends eher Klassisches für ein gehobeneres Publikum.
Via A. Gramsci 73–75; Tel. 06 32 65 12 36;
Tram 3, 19; tgl. Bar ab 7.45,
Restaurant 12.30–15, im Sommer bis 24,
im Winter bis 23 Uhr; mittags ●,
abends ●● bis ●●● CREDIT

Fiaschetteria Beltramme
⋯⋯› S. 114, A 14
Traditionsreiche Trattoria, umgeben von Roms Alta-Moda-Adressen. Hier verkehren die Designer ebenso wie einfache Römer, die sich das »abbacchio a scottadito« schmecken lassen. Alle sitzen eng beisammen.
Via della Croce 39; kein Telefon;
Metro Spagna (d 2); Mo–Sa 12–15,
19.30–23 Uhr ●● bis ●●● CREDIT

Margutta Vegetariana ⋯⋯› S. 113, F 10
Einen Genuss für Vegetarier bietet diese Oase der Stille. Moderne Kunst schmückt auch das Restaurant, wo ein günstiges Mittagsbuffet die Möglichkeit zur eigenen Auswahl bietet. Sonntagsbrunch.
Via Margutta 118; Tel. 06 32 65 05 77;
www.ilmargutta.it; Metro Spagna (d 2);
tgl. 12.30–15, 19.30–23.30 Uhr
●● bis ●●● CREDIT

Pommidoro ⋯⋯› S. 115, F 16
Eine der alteingesessenen Trattorien im Viertel San Lorenzo, die nicht erst im Zuge der neuen Entwicklung dieses Stadtteils eröffnet wurde. Ausgezeichnete römische Küche. Die Zutaten wie Eier, Gemüse und Obst kommen aus dem eigenen Anbau, das Wild schießt Wirt Aldo mit seinen Schwiegersöhnen selbst.
Piazza Sanniti (Ecke Via dei Volsci) 44;
Tel. 0 64 45 26 92; Tram 3, 19, Bus 71;
Mo–Sa 12.30–14.15, 19.30–23 Uhr,
Aug. geschl. ●● bis ●●● CREDIT

Capricci Siciliani ⋯⋯› S. 113, E 11
Typisch sizilianische Küche, viel Fisch kommt in diesem Familienbetrieb auf den Tisch.
Via di Panico 83 (südl. Via dei Coronari);
Tel. 0 66 87 36 66;
www.tavernadelduca.com; Bus 64, 116;
Di–So 12–15.15, 19–24 Uhr ●●

Carbonara ⋯⋯› S. 113, E 12
Mitten im römischen Leben in einer milden Sommernacht auf dem Campo de' Fiori speisen: Einmal muss man einfach hier sitzen! Probieren Sie die »saltimbocca alla romana«.
Piazza Campo de' Fiori 23;
Tel. 0 66 86 47 83; Bus 64, 116;
Mi–Mo 12.15–15.10, 19.30–23 Uhr,
Aug. geschl. ●● CREDIT

La Carbonara dal 1906
⋯⋯› S. 114, B 16
Rustikales Ambiente, traditionelle römische Küche mit Experimenten, sehr gute Weinkarte, Mineralwasserauswahl.
Via Panisperna 214; Tel. 06 48 25 176;
www.lacarbonara.it; Metro Cavour (d 3)
oder Bus 64; Mo–Sa 12.30–14.30,
19.30–23, Aug. geschl. ●● CREDIT

Ditirambo ⋯⋯› S. 113, E 12
Zwei Schritte vom Campo de' Fiori taucht man in diesem Restaurant in die regionale Küche Italiens ein. Besonders gut schmecken die »testaroli« mit Pesto (eine Spezialität der Nordtoskana) oder Entenbrust mit Orangenmarmelade und scharfer Schokoladensoße. Fisch gibt's nur, wenn er auch wirklich frisch ist. Gute Weinkarte.
Piazza Cancelleria 75 (beim Palazzo
Cancelleria); Tel. 0 66 87 16 26;

www.ristoranteditirambo.it; Bus 64;
tgl. 13–15.30, 19.30–23.30 Uhr,
Mo mittags und Aug. geschl. ●● CREDIT

Hostaria Romanesca ⇢ S. 113, E 12
Das unvergleichliche Ambiente des Campo de' Fiori bildet den Rahmen für dieses Lokal. Traditionelle römische Küche, von »amatriciane« bis zur »trippa«. Eigens für das Restaurant abgefüllter Frascati.
Piazza Campo de' Fiori 40;
Tel. 06 68 64 00 24; Bus 64, 116; Di–So 12.30–14.30, 19.30–23 Uhr ●● CREDIT

Nè arte nè parte ⇢ S. 117, F 19
Sympathisches, familiäres Ambiente in dieser typischen Trattoria im Testaccio-Viertel. Einfache römische Gerichte, die hier gekonnt zubereitet werden. Im Sommer gibt es auch Tische im Freien.
Via Luca della Robbia 15–17;
Tel. 06 57 50 279; Metro Piramide (c 3), Tram 3; Di–So 12.30–15, 19.30–23 Uhr
●● CREDIT

Roms erste Mozarellabar Obika setzt ganz auf den weißen Käseball: kombiniert mit Salami, im Salat oder in der Pasta.

Tram Tram ⇢ S. 115, östl. F 16
Immer volle, alteingesessene römische Trattoria, in der die apulische Chefin neben traditionellen auch viele Fischgerichte serviert.
Via dei Reti 44–46; Tel. 06 49 04 16;
Tram 3, 19; Di–So 12.30–15.30, 19.30–23.30 Uhr ●● CREDIT

Restaurants ●
Gusto ⇢ S. 113, F 10
Pizzeria, Restaurant, Enoteca, Pralineria: Dieses weitläufige, helle Lokal bietet eine fantasiereiche Küche, die von Pizzas bis hin zu ausgesuchten Probiermenüs (»menù degustazione«) reicht. Die eleganten Italiener lohnen den Besuch genauso wie das schicke Ambiente. Und die Fans der italienischen Küche finden auch einen Bookshop und einen Laden mit feinen Kochutensilien – zum Nachkochen zu Hause.
Piazza Augusto Imperatore 9/Via della Frezza 23; Tel. 0 63 22 62 73;
www.gusto.it; Bus 81, 87; tgl. 12.45–15, 19.45–24 Uhr ● bis ●●● CREDIT

Babette ⇢ S. 113, F 10
Nettes Lokal gleich bei Roms Antiquitätenmeile, freundliches Personal, Salate, Bruschette, fantasiereiche Antipasti, römische Nudelgerichte und viel Gemüse. Günstiges Mittagsbüffet von Di–Fr für 10 €, 25 € Sa und So. Mo geschl.
Via Margutta 1; Tel. 0 63 21 15 59; Metro Spagna (d 2); Küche von 12.30–15.30, 20–23.30 Uhr ● bis ●● CREDIT

Felice ⇢ S. 117, F 19
Nicht einmal ein Schild weist auf diese charakteristische Trattoria im Testaccio-Viertel hin. Wer typisch römisch essen möchte, sollte unbedingt reservieren, in diesem sehr beliebten Lokal.
Via Mastro Giorgio 29; Tel. 0 65 74 68 00; Metro Piramide (c 3), Tram 3;
Mo–Sa 12–14.30, 20–22.45,
So 12–14.30 Uhr, Aug. geschl.
● bis ●● CREDIT

Essen und Trinken

Hostaria al Boschetto ⇢ S. 114, B 16
Das Lokal ist für seine Pilzgerichte bekannt. Versuchen Sie die ausgezeichneten »fettuccine« mit Steinpilzen. Aber auch die klassisch römischen Gerichte wie »rigatoni all'amatriciana« oder »coda alla vaccinara« munden. Offener Frascati.
Via del Boschetto 30; Tel. 0 64 74 47 70;
Bus 64; tgl. 12–15, 19.30–22.30 Uhr,
Sa mittags geschl. ● bis ●● CREDIT

Luzzi ⇢ S. 118, C 21
Pizzas aus dem Holzkohlenofen oder klassische Küche Roms: am besten draußen, in diesem auch von römischen Familien gern besuchten, alteingesessenen Lokal nicht weit vom Kolosseum.
Via S. Giovanni in Laterano 88,
Tel. 0 67 09 63 32; Metro Colosseo (d 3);
Do–Di 12–15, 19–24 Uhr ● bis ●● CREDIT

Palatium ⇢ S. 114, A 15
Nur exzellente Produkte aus Latium werden hier verarbeitet. Römische Küche mit Phantasie, aber auch hervorragende Weine für einen Aperitif mit feinen Käse- und Wurstellern.
Via Frattina 94; Tel. 06 69 20 21 32;
Metro Spagna (d 2); Mo–Sa 12–15,
20–22.30 Uhr ● bis ●● CREDIT

Obika ⇢ S. 113, F 11
Die erste Mozzarellabar Roms, in der man in moderner Atmospäre wunderbare Käse- und Nudelspezialitäten verzehrt. Günstige Mittagsmenüs, Aperitive 19–21 Uhr, Brunch am Samstag und Sonntag.
Via dei Prefetti 26a/Ecke Piazza di
Firenze; Tel. 0 66 83 26 30; www.obika.it;
Bus 116, 117, 119; Mo–Fr 8.30–24, Sa,
So ab 12 Uhr ● CREDIT

Caffès
Antico Caffè della Pace
⇢ S. 113, E 11/12
Dieses alte Jugendstil-Kaffeehaus lohnt allemal den Besuch, und vielleicht treffen Sie ja gerade irgendeine Berühmtheit aus der Kinowelt.
Via della Pace 5 (Centro Storico, südlich Via dei Coronari); Tel. 0 66 86 12 16;
Bus 116; Di–So 9–3, Mo 16–3 Uhr

Caffè Greco ⇢ S. 113, F 11
Das älteste Caffè Italiens nach dem Florian in Venedig, 1760 eröffnet, befindet sich unweit der Spanischen Treppe. Das von einem Griechen gegründete Kaffeehaus – daher auch der Name – entwickelte sich bald zum Künstler- und Literatentreff. Gogol und Goethe, Stendhal und Wagner, ja selbst König Ludwig I. von Bayern tranken hier ihren Kaffee.
Via Condotti 86 (Centro Storico);
Tel. 0 66 79 17 00; Metro Spagna (d 2);
Di–Sa 9–19.30, So, Mo 10.30–19 Uhr

Rosati ⇢ S. 113, F 10
Das zweite stilvolle Kaffeehaus an der Piazza del Popolo neben dem Canova. Einheimische und Touristen genießen das Sehen und Gesehen werden im Freien.
Piazza del Popolo 5 (Centro Storico);
Tel. 0 63 22 58 59; Metro Flaminio (c 2);
tgl. 7.30–23.30 Uhr

Eisdielen
Il Gelatone ⇢ S. 114, B 16
100 verschiedene Eissorten locken in diesen Ort der Versuchung, Chef Paolo Costantini macht sie alle selbst. Da es gar nicht so viele klassische Geschmacksrichtungen gibt, kreiert er laufend neue.
Via dei Serpenti 28; Metro Cavour (d 3),
Bus 117; tgl. 11–24 Uhr

Giolitti 🎔 ⇢ S. 113, F 11
Seit Jahrzehnten die In-Eisdiele Roms. Abgeordnete vom nahen Parlament und Touristen, junge Römer und alte Signoras: Alle kommen immer wieder, um sich an den hervorragenden Eisspezialitäten zu laben.
Via Uffici del Vicario 37–41
(Centro Storico); www.giolitti.it;
Bus 116, 117, 119; kein Ruhetag;
Zweigstelle in EUR, Viale Oceania 90;
Metro EUR Magliana (c 3); tgl. 7–2 Uhr

Einkaufen

»Alta moda« und »antichi mobili«: Rom zählt bei Bekleidung und Antiquitäten zu den Topadressen!

Die Via Borgognona zweigt von der Via Condotti, der exklusivsten Einkaufsstraße Roms, ab. Auch hier finden sich erstklassige Boutiquen und die großen Namen der Modewelt.

Einkaufen 27

Der Spaziergang durch die **Via Condotti** ist ein Muss, auch wenn man nicht das nötige Kleingeld für eine extravagante Tasche von Gucci oder das kleine Schwarze von Armani besitzt. Erschwingliche junge Mode findet man in den Geschäften der **Via del Corso**, und der **Via Nazionale** besonders während des Schlussverkaufes (»saldi«) im Januar/Februar und Juni/Juli. Die meisten Läden öffnen von 9/9.30 bis 13/13.30 Uhr und von 15.30/16 bis 19.30/20 Uhr. Im Winter schließt die Mehrheit der Geschäfte am Montagvormittag und bleibt am Samstagnachmittag geöffnet; im Sommer ist es umgekehrt. Und: Jeden Sonntag stehen in einer anderen »circoscrizione« (Viertel) die Geschäfte offen.

ANTIQUITÄTEN

Zu den ersten Adressen Italiens für Antiquitäten gehört die Via dei Coronari (···⟩ S. 113, E 11). Exklusives bieten auch die Antiquare der Via del Babuino (···⟩ S. 114, A 14) und der Via Margutta (···⟩ S. 114, A 14), Bezahlbares die Handwerker und Restaurateure in der Via del Pellegrino (···⟩ S. 113, E 12) und der Via Giulia (···⟩ S. 113, E 12), in der Via di Panico und der Via di Monte Giordano (···⟩ S. 113, D/E 11; südl. Via dei Coronari).

Stilarredo ···⟩ S. 113, D 12
Reiche Auswahl, vom alten Sekretär bis zu modernen, eher ausgefallenen Einrichtungs-Accessoires.
Corso Vittorio Emanuele II 183 (Centro Storico); www.stilarredo.com; Bus 64

BÜCHER

Bibli ···⟩ S. 117, E 17
Eine der beliebtesten Buchhandlungen der Stadt. Hier kann man lesen, einen Drink zu sich nehmen oder zu Abend essen. Sonntagvormittag Brunch (→ MERIAN-Tipp, S. 20).
Via dei Fienaroli 28 (Trastevere); www.bibli.it; Tram 8; Di–So 11–24, Mo 17.30–24 Uhr

Feltrinelli ···⟩ S. 113, F 12
Einer der größten Buchläden der Stadt mit einer breiten Auswahl an klassischer und moderner, nationaler und internationaler Literatur. Mit Caffè; nicht nur Buchhandlung, auch Musik, Videogames, DVD, Home Video und wunderschöne Papierartikel.
Largo Torre Argentina 5A (Centro Storico), auch in der Galleria Alberto Sordi (→ S. 87); www.lafeltrinelli.it; Bus 40, 64; Mo–Fr 9–21, Sa bis 22, So 10–20 Uhr

Herder ···⟩ S. 113, F 11
Direkt vor Italiens Parlament findet sich diese ausgesprochen gut sortierte deutsche Buchhandlung.
Piazza Montecitorio (Centro Storico); www.herder.it; Elektro-Bus 116, 117, 119

EINRICHTUNG/MÖBEL

Spazio Sette ···⟩ S. 113, F 12
Untergebracht in einem Palazzo des 17. Jhs.; über drei Stockwerke bestes zeitgenössisches Design, Objekte und Möbel.
Via dei Barbieri 7 (Centro Storico, Campo de' Fiori); Tram 8, Bus 64

GESCHENKARTIKEL

Discount delle firme ···⟩ S. 114, A 15
Schals, Krawatten, Taschen, Gürtel: Accessoires aller Art der bekanntesten Namen wie Prada, Trussardi, Valentino zu günstigen Preisen.
Via dei Serviti 27 (Centro Storico, zwischen Via del Tritone und Via di Traforo); Elektro-Bus 116, 117, 119, Bus 62

HAUSHALTSDESIGN

C.u.c.i.n.a. ···⟩ S. 114, A 14/15
Designerobjekte für den Haushalt, reiche Auswahl aus Holz, Porzellan und Aluminium.
Via Mario de' Fiori 65 (Centro Storico, Piazza di Spagna); Metro Spagna (d 2)

House & Kitchen ···⟩ S. 113, F 12
Riesige Auswahl an Haushaltswaren.
Via del Plebiscito 103–106 (Centro Storico); Bus 64

Einkaufen

Hüte
Troncarelli Antica Cappelleria dal 1875 ⤳ S. 113, E 12
Familienbetrieb seit 1875; Kopfbedeckungen aller Art: Vom lässigen Bogarthut über englische Schirmmützen in dezentem Karomuster bis hin zu klassischen Baskenmützen.
Via della Cuccagna 15 (Centro Storico, südlich der Piazza Navona); www.troncarelli.it; Bus 64

Kaufhäuser
Coin ⤳ S. 119, E 22
Gehobeneres Kaufhaus, gute Mode.
Piazzale Appio 7 (San Giovanni); Metro San Giovanni (d 3); Via Cola di Rienzo 173 (Prati, Bus 81); www.coin.it

Kinderkleidung/Spielsachen
La Città del Sole ⤳ S. 113, F 11
Große Auswahl an Kinderspielzeug für alle Altersstufen, besonders schönes Holzspielzeug.
Via della Scrofa 65–66a (Centro Storico); www.cittadelsole.it; Elektro-Bus 116, Bus 81, 87

Prénatal ⤳ S. 114, C 15
Kette, die ganz auf Babys und Kleinkinder spezialisiert ist. Nicht nur modischen Ausstattung der Kleinen, sondern auch Mode für die werdenden Mütter.
Via Nazionale 45 (Bus 64); Via della Croce 48 (Metro Spagna, d 2); www.prenatal.it

Kosmetik
Profumeria Materozzoli ⤳ S. 113, F 11
Parfümladen mit ausgesuchten Düften und Pflegeprodukten.
Piazza San Lorenzo in Lucina 5 (Centro Storico); Elektro-Bus 117, 119, Metro Spagna (d 2)

Lebensmittel
Ai Monasteri ⤳ S. 113, E 11
Liköre, Kräuterbonbons, Honig …
Corso Rinascimento 72 (Centro Storico); www.monasteri.it; Bus 81, 87, 116

La Tradizione di Belli e Fantucci ⤳ S. 112, A 10
Eine der besten Adressen für Käse, Wurst und andere Delikatessen.
Via Cipro 8e (Trionfale, Nähe Vatikan); www.latradizione.it; Metro Cipro-Musei Vaticani (c 2)

Volpetti ⤳ S. 113, F 11
Bekanntes Delikatessengeschäft mit Imbiss, Weinbar und Restaurant.
Via della Scrofa 32 (Centro Storico); www.volpettishop.com; Elektro-Bus 116, Bus 87

Malzubehör
Poggi ⤳ S. 113, F 12
Seit 1825 kaufen hier Hobbymaler und bekannte Künstler ihre Leinwände, ihr Papier und ihre Farben.
Via del Gesù 74–75 (Centro Storico); www.poggi1825.it; Bus 64

Märkte/Flohmärkte
Campo de' Fiori ⤳ S. 113, E 12
Einst Roms volkstümlichster Markt, heute eher touristisch.
Mo–Sa 7–13.30 Uhr; Elektro-Bus 116, Bus 64

Markthalle Piazza Testaccio ⤳ S. 117, F 19
Heute Roms volkstümlichster Markt.
Mo–Sa 7–13.30 Uhr; Metro Piramide (c 3), Tram 3

Markthalle Via Turati ⤳ S. 115, E 16
Exotische Gewürze, Süßkartoffeln und anderes: Roms Multikulti-Markt.
Via Turati/Via Lamarmora (Esquilino); Bus 70, 71, Tram 5, 14

Piazza Borghese ⤳ S. 113, F 11
Vielfältige Auswahl an alten Büchern, Drucken und Kupferstichen.
Piazza Borghese; Mo–Sa 9 Uhr bis Sonnenuntergang; Bus 81, 117, 119

Ponte Milvio ⤳ S. 109, D 1
Jeden ersten Sonntag im Monat (März–Okt. auch Sa) außer im August: Antiquitäten und Kunst.
Metro Flaminio (c 2) und Tram 2

Einkaufen

Porta Portese 🚻 ⇢ S. 117, D 20
Zu Beginn der Via Portuense feste Stände; der eigentliche Flohmarkt beginnt ab der Piazza Ippolito Nievo.
Jeden Sonntagvormittag; Tram 3, 8, Bus 23, 280

Via Sannio ⇢ S. 119, E 22
Werktags vormittags: Lebensmittel und Mode, viel Secondhandware.
Metro San Giovanni (d 3)

MODE
Zeitloses und saisonalen Schick vereinigt der Luxuslaufsteg Via Condotti. Hier liegen die Edelboutiquen der großen Designer. Junge Trendsetter und Secondhandshops ziehen die Via del Governo Vecchio vor.

Discount dell' Alta Moda
⇢ S. 113, F 10
Kleidung und Accessoires der namhaftesten Designer aus der vergangenen Saison, deshalb billiger.
Via Gesù e Maria 14 und 16/a (Centro Storico, Seitenstraße westlich der Via del Babuino); Metro Spagna (d 2)

Jam ⇢ S. 114, A 15
Riesenauswahl für die trendige Jugend.
Galleria Alberto Sordi (Centro Storico, zwischen Via del Tritone und Via del Corsol); Bus 80, 81, 85, 116, 117, 119

Luna e l' altra ⇢ S. 113, E 12
Mode von jungen Designern.
Piazza Pasquino 76 (Centro Storico, südwestl. der Piazza Navona); Bus 40, 64

Maga Morgana ⇢ S. 113, E 12
Farbenfrohe Wollkleider und -pullover kreiert die Designerin Luciana Iannace.
Via del Governo Vecchio 27 und 98 (Centro Storico); Bus 40, 64

MUSIK
Archivio Fonografico
⇢ S. 118, A 23 – B 22
Klassische Musik auf CDs und LPs. Seltene historische Aufnahmen!

MERIAN-Tipp

⭐ 3 La Rinascente

Das älteste Kaufhaus der Stadt verlockt zu einem Einkaufsbummel im Jugendstilambiente. Das 1887 eröffnete Gebäude wurde nach Pariser Vorbild von Anfang an als modernes Kaufhaus konzipiert. Zeitgemäßes Haushaltsdesign und ein Caffè für eine Pause finden Sie in der Filiale an der Piazza Fiume.

Largo Chigi/Via del Corso (Centro Storico Jugendstilbau); www.larinascente.it; Elektro-Bus 116, 117, 119 oder Bus 62; Piazza Fiume (Esedra); Bus 38, 80
⇢ S. 114, A 15 und S. 115, C/D 13

Viale Aventino 59 (Aventino); Tel. 0 65 74 12 93; Tram 3; Mo–Fr 14–18, Sa 11–13, 15.30–19, So 11–13 Uhr

Ricordi ⇢ S. 114, A 16
Eines der größten Musikgeschäfte Roms, von Klassik bis Pop, auch Videos, Bücher, Konzertkartenverkauf.
Via Cesare Battisti 120 (Centro Storico, Piazza Venezia), Bus 64

SCHUHE
Boccanera ⇢ S. 117, F 19
Beste italienische Markenschuhe.
Via Luca della Robbia 36 (Testaccio); Metro Piramide (c 3) und Bus 280, Tram 3

Loco ⇢ S. 113, E 12
Avantgarde-Schuhe, ungewöhnliche Absätze, Schnallen und Farben.
Via dei Baullari 22 (Centro Storico, Campo de' Fiori); Elektro-Bus 116, Bus 64

SÜSSES
Pasticceria Nonna Carla
⇢ S. 111, nordöstl. F 8
Hervorragende Törtchen, etwa nach einem Besuch der Kirche Sant' Agnese fuori le mura.
Via di Sant' Agnese 2 (Trieste); Bus 36, 60, 62, 90

Feste und Events

Die Römer feiern am liebsten draußen und bis spät nachts – Kulturelles und Religiöses gleichermaßen.

Beim Sommerkulturprogramm der Stadt Rom, der Estate Romana, wird in der Villa Celimontana auch leidenschaftlich gejazzt.

Feste und Events

Das Angebot an Festen und Events ist vielfältig, denn die Römer feiern gerne. Wer mitfeiern möchte, kann sich über die Termine und Veranstaltungsorte unter www.livingrome.it informieren.

Januar
Befana

In Italien bringt nicht der Nikolaus, sondern die Befana (Hexe) den braven Kindern Geschenke, den »bösen« Kohlestücke. Kinderfest auf der Piazza Navona und in der Villa Borghese.
6. Januar

April
Via Crucis

Feierliche Prozession durch Rom zum Kolosseum, wo der Papst einen Wortgottesdienst hält.
Karfreitag

Azaleenschmuck auf der Scalinata della Trinità dei Monti

Immer im April schmückt die Stadt Rom die Spanische Treppe mit den feuerrot blühenden Azaleen.

Geburtstag

Die Stadt Rom feiert ihren Geburtstag mit einem Feuerwerk auf dem Kapitol.
21. April

Mai
Rockkonzert

Italiens Gewerkschaften organisieren ein Live-Rockkonzert mit nationalen und internationalen Größen vom späten Nachmittag bis Mitternacht, auf der Piazza di Porta San Giovanni.
1. Mai

Mai/Juni
Letterature. Festival internazionale di Roma

In der stimmungsvollen Basilca di Massenzia auf dem Forum lesen internationale Autoren aus ihren Werken. Erst seit 2001 existent und schon ein Klassiker unter Roms Events.
www.festivaldelleletterature.it

Juni
Festa de' Noantri

Trastevere feiert mit Musik, Wein und Märkten jedes Jahr eine Woche lang ein fröhliches Straßenfest.
2. Junihälfte

Festa dei Santi Pietro e Paolo

Zu Ehren der Stadtpatrone von Rom, der Apostel Petrus und Paulus, finden feierliche Prozessionen statt.
29. Juni

Juni/September
Estate Romana

Sommer-Kulturprogramm der Stadt Rom mit Musik, Theater, Kino, Ausstellungen etc. in der ganzen Stadt. Zu den Veranstaltungen zählen u. a.: Jazzkonzerte in der Villa Celimontana, konzertante Opernaufführungen im Vorhof von San Clemente, die Buchmesse Libri in Piazza. Termine bei der Azienda di Promozione Turistica (→ S. 103) erfragen oder im Internet unter www.estateromana.it.

Juli
Roma Alta Moda

Die Models der Topdesigner schreiten in Roms Monumenten gekonnt den Laufsteg entlang.
Erste Julihälfte

Dezember
Advent

Wunderschöne Krippen in allen Kirchen Roms und großer Weihnachtsmarkt auf der Piazza Navona.
Ab Anfang Dezember

Capodanno

Jedes Jahr treffen sich Tausende in der Silvesternacht zum Gratis-Rockkonzert der Kommune (wechselnde Veranstaltungsorte). Traditionelles Silvesterspektakel mit Liveübertragung im Fernsehen auf der Piazza del Quirinale. Um Mitternacht grüßt der Staatspräsident, anschließend wird dann weitergefeiert.
31. Dezember

Am Abend

Das römische Nachtleben spielt sich vor allem auf den Piazze und »all'aria aperta«, im Freien, ab.

Die Piazza di Spagna ist einer der schönsten Plätze der Innenstadt, und auf der Spanischen Treppe (→ S. 66), die hier beginnt, treffen sich Nachtschwärmer, die vielleicht in eine Bar, ein Kino oder ein Theater weiterziehen.

Am Abend 33

Sehen und gesehen werden gehört zum römischen Leben auf den schönsten Plätzen der Innenstadt: Piazza Navona, Piazza Rotonda, Piazza di Spagna ... Auch das kulturelle Leben spielt sich in der warmen Jahreszeit im Freien ab: Freiluftkinos, Konzerte in antiken Theatern, Lesungen und Klassikkonzerte.

Einen Überblick über alle Veranstaltungen gibt das wöchentlich erscheinende Heft »Roma c' è« (italienisch mit englischer Zusammenfassung, im Internet: www.romace.it).

Bars und Caffès
Ciampini al Café du Jardin
⋯⋙ S. 114, A 14
Beliebter Treff oberhalb der Spanischen Treppe; Caffè, Bar, Restaurant.
Viale Trinità di Monti; Tel. 0 66 78 56 78; Metro Spagna (c 2); tgl. März–Anf. Nov. 8–24 Uhr

La Vineria ⋯⋙ S. 113, E 12
Ob bei Tag oder bei Nacht, in dieser angesagten Weinbar trifft man sich.
Campo de' Fiori 15 (Centro Storico); Bus 64, 116; Mo–Sa 9–2 Uhr

Diskotheken und Disco-Bars
Gilda ⋯⋙ S. 114, A 14
Die mondänste Disco Roms.
Via Mario de' Fiori 97 (Centro Storico); Tel. 0 66 78 48 38; www.gildabar.it; Metro Spagna (d 2); Do–Sa 22.30–5 Uhr

Livemusik
Big Mama ⋯⋙ S. 117, E 18
Eine Institution: Hier spielen Blues-, Jazz- und Funk-Größen.
Vicolo San Francesco a Ripa 18 (Trastevere); Tel. 0 65 81 25 51; www.bigmama.it; Tram 8; in der Regel Di–Sa 21–1.30 Uhr

Fonclea ⋯⋙ S. 113, D 10
Livekonzerte italienischer Pop-Musik. Abendessen gibt es bereits ab 19, Konzerte um 21.30 Uhr.
Via Crescenzio 82/a (Prati); Tel. 0 66 89 63 02; www.fonclea.it; Bus 492; So–Fr bis 2, Sa bis 3 Uhr

La Casa di Jazz ⋯⋙ S. 118, A 24
Der große Jazz-Fan und Bürgermeister Roms, Walter Veltroni, eröffnete im April 2005 in einer von der Mafia beschlagnahmten Villa diesen beliebten Jazz-Treff.
Viale di Porta Ardeatina 55; Tel. 06 70 47 31; www.casajazz.it; Metro Piramide (c 3)

Pianobars
Jonathan's Angels ⋯⋙ S. 113, E 12
Berühmt und originell: Zwischen Bildern, Skulpturen und Objekten aller Art singen die Gäste mit dem Pianisten.
Via della Fossa 16 (Centro Storico); Bus 64, 87, 116; Di–So 16–2 Uhr

Il Tartarughino ⋯⋙ S. 113, F 11
Täglich ab 22 Uhr Livemusik.
Via della Scrofa 1 (Centro Storico); Tel. 0 66 86 41 31; www.iltartarughino.com; Bus 87, 116; Mo–Sa 19.30–3.30 Uhr, Ende Mai–Mitte Sept. geschl.

Theater, Oper, Musik aller Stilrichtungen
Auditorium – Parco della Musica
⋯⋙ S. 109, F 2
Das neue Auditorium der Stadt entwickelte sich zu einem Anziehungspunkt für Musikliebhaber.
Viale de Coubertin 30 (Flaminio); Tel. 06 80 24 12 81; Tickets Tel. 1 99 10 97 83 (gebührenpflichtig); www.auditorium.com; Metro Flaminio (c 2) und Tram 2

MERIAN-Tipp
🔲 Alexanderplatz

Seit mehr als 10 Jahren eine der besten Adressen Italiens, um Jazz zu hören. Die Konzerte beginnen jeweils um 22 Uhr, aber bereits ab 20 Uhr kann man hier essen.

Via Ostia 9 (Prati); Tel. 06 39 75 18 77; www.romajazz.com, www.alexanderplatz.it; Metro Ottaviano (c 2); tgl. 20–2 Uhr ⋯⋙ S. 112, B 10

Familientipps – Hits für Kids

In den Parks, in einigen Museen und ganz bestimmt beim Eisessen fühlen sich Ihre »bambini« wohl.

Im Park auf dem Gianicolo-Hügel (→ S. 51) führen Puppenspieler märchenhafte Stücke auf. Die Eltern können unterdessen den schönsten Panoramablick über die Stadt genießen.

Familientipps – Hits für Kids 35

Da die Römer ihre Kinder überall mitnehmen, die Parks am Nachmittag voller spielender Kinder und deren Mamas oder Omas sind und auch bis spät am Abend die ganze Familie beisammen ist, empfängt man Ihre »bambini« im Restaurant freundlich, und eine kleine Portion Spaghetti mit Tomatensoße (»con pomodoro«) bekommen Sie überall.

Eine Besteigung der römischen Stadtmauer im Museo delle Mura (→ Mura Aureliane, S. 52) oder der Wehrgänge der Engelsburg (→ S. 41) lässt Ritterspiele fast Wirklichkeit werden. Zu den Sehenswürdigkeiten, die Kinder interessieren, gehören vor allem Roms Brunnen wie die Fontana delle Tartarughe mit den kleinen Schildkröten und den Delfinen (→ S. 88), die Bocca della Verità (»Mund der Wahrheit«) (→ S. 55) und der kleine Elefant von Bernini (→ S. 84). Und Spaß macht es auch, in den Untergrund hinabzusteigen, in die Katakomben (→ S. 41) oder die Unterkirche von San Clemente (→ S. 58).

Ein Ausflug nach Tivoli (→ S. 92), wo ein Wasserfall und fantasiereiche Wasserspiele warten, gefällt Ihren Kindern bestimmt.

Casina di Raffaello ---> S. 114, A/B 13
Falls es regnet oder die Kleinen kulturmüde sind: Das neue Spielhaus für Kinder von 3–10 Jahren in der Villa Borghese bietet eine Alternative.
Viale della Casina di Raffaello (Piazza di Siena); www.casinadiraffaello.it; Metro Flaminio (c 2) und Bus 95, Bus 116; Di–So 9–19 Uhr

Explora ---> S. 113, F 9
In diesem Kindermuseum ist eine ganze Stadt nachgebaut!
Via Flaminia 82; Tel. 0 63 61 37 76; www.mdbr.it; Metro Flaminio (c 2), Tram 2, 19; Einlass Di–So 10, 12, 15, 17, Aug. ab 12 Uhr; Eintritt Kinder 7 €, Erwachsene 6 €, Do nachm. für alle 5 €; Sa, So nur mit Voranmeldung, Tel. 0 63 61 37 76

LunEUR ---> S. 118, südl. B 24
Der größte Vergnügungspark der Stadt im Stadtteil EUR.
Viale delle Tre Fontane/Viale delle Pittura; www.luneur.it; Metro San Paolo (c 3) und Bus 707; Mi–Fr 16–21, Sa bis 24, So, Fei 11–21 Uhr

Museo Nazionale delle Paste Alimentari ---> S. 114, A 15
Alles, was man schon immer zur Nudel und ihrer Geschichte wissen wollte; hier erfährt man es!
Piazza Scanderberg 117 (Nähe Fontana di Trevi); www.pastainmuseum.com; Bus 85, 117, 119; tgl. 9.30–17.30 Uhr; Eintritt mit dt. Audioführer 10 €, unter 18 Jahren 7 €, Kinder mit beiden Elternteilen 1 €

Ponyreiten
kann man in folgenden Parks: Villa Ada, Villa Doria Pamphili und Villa Glori (wunderschöner Park auf einem Hügel nördlich der Innenstadt).

Villa Borghese ---> S. 114, B 13
Das Kinderparadies der Innenstadt! Hier kann man über den kleinen See rudern, Karussell fahren, Fahrräder leihen oder in den Zoo gehen (→ S. 67).
www.villaborghese.it

Zoo – Bioparco ---> S. 110, A/B 8
Der 1911 gegründete Zoo in der nördlichen Ecke der Villa Borghese erfuhr seit Mai 1998 eine Umgestaltung zum Biopark. Eine Alternative bei schlechtem Wetter bilden die ausgestopften Tiere im nahen **Museo Civico di Zoologia**, das auch Arten, die inzwischen ausgestorben sind, besitzt.
Zoo: Viale Giardino Zoologico 20–22; www.bioparco.it; Tram 3, 19; Sommer 9.30–18, Sa, So, Fei bis 19 Uhr, Anf. Nov.–Ende März bis 17 Uhr; Eintritt 3–12 und über 60 Jahre 6,50 €, ab 13 Jahre 8,50 €; Mi für über 60 gratis; Reptilhaus 2,50 €; Museo Civico di Zoologia: Via Aldrovandi 18; Tram 19, 3; Di–So 9–17 Uhr; Eintritt 4,50 €, unter 18, über 65 Jahren gratis, 2,50 € für Studenten

Unterwegs in Rom

Unübersehbar: das Denkmal für König Vittorio Emanuele II. auf der Piazza Venezia (→ S. 57). Das Reiterstandbild ist mit seinen zwölf Metern Höhe das größte der Welt.

In Rom ist Geschichte lebendig. Antike Paläste und kaiserliche Residenzen entführen Besucher in die Vergangenheit, und doch ist die Stadt von gegenwärtiger »Dolce Vita« geprägt.

Sehenswertes

Rom ist ein Gesamtkunstwerk. Höhepunkte bilden die großen Museen und die weltberühmten Bauten.

Der Entwurf für die wohlproportionierte Platzanlage vor dem Senatorenpalast stammt ebenso von Michelangelo wie die Zeichnung des Bodenovals.

Ara Pacis Augustae – Campidoglio (Kapitol)

Über 2500 Jahre lang wird in Rom schon gebaut, gemalt, gemeißelt. Oftmals arbeiteten die zu ihren Zeiten besten Künstler der Welt für Herrscher und Päpste. Da sammelt sich eine Menge an Sehenswürdigkeiten an. Sie können einen Monat lang auf antiken Spuren wandeln, einen weiteren im Barock schwelgen und sich einen dritten auf das Mittelalter konzentrieren – trotzdem würden Sie danach noch nicht einmal aus diesen drei Epochen die ganze Palette an Sehenswertem besucht haben. Suchen Sie sich etwas aus, schauen Sie lieber weniger an, dafür eingehender.

Setzen Sie sich in eine Bar, am besten ins Freie. Ganz von alleine wird Ihr Auge dann Wunderschönes entdecken: den ockerfarbenen Barockpalazzo mit seinen fein geschwungenen Linien, die römische Inschrift, die in die Fassade eines normalen Wohnhauses eingefügt wurde, den leise sprudelnden Brunnen, dessen Figuren sicher einer der berühmten Barockmeister schuf.

Ara Pacis Augustae
(Altar des Augusteischen Friedens) ⸺⋟ S. 113, F 10

Die Ara Pacis bietet die einmalige Gelegenheit, einen römischen Altar mit noch weitgehend erhaltenem Reliefschmuck zu bestaunen. Der Altar wurde zwischen 13 und 9 v. Chr. nach Beendigung der Kriege des Kaisers in Gallien und Spanien vom Senat zur Einleitung einer neuen Friedensepoche, dem »augusteischen Zeitalter«, errichtet. Die aus Carrara-Marmor gemeißelte Ara Pacis zählt übrigens zu den absoluten Meisterleistungen klassischer Bildhauerei, ihre 2006 fertiggestellte Hülle von Richard Meier zu den neuesten Architekturkreationen der Stadt.
Lungotevere in Augusta/Via Ripetta; www.arapacis.it; Bus 70, 81; Di–So 9–19 Uhr (im Winter bis 18 Uhr); Eintritt 6 €, für Studenten 4,50 €, für Bürger der EU unter 18 und über 65 Jahren gratis

Arco di Costantino
(Konstantinsbogen) ⸺⋟ S, 118, B 21

Der mit 21 m Höhe und 25,7 m Breite größte und am besten erhaltene antike Triumphbogen in Rom wurde 315 n. Chr. als Erinnerung an den Sieg Kaiser Konstantins über Maxentius an der Milvischen Brücke errichtet. Wie sehr die Bildhauerkunst in der Spätantike bereits im Niedergang begriffen war, zeigen die Reliefs des Siegesmahls: Sie wurden zum Großteil aus Denkmälern früherer Kaiser (Hadrian, Trajan, Marc Aurel) übernommen und hier mit einigen neuen Arbeiten zusammengefügt. Doch trotz dieser Stilmischungen wirkt der Arco neben dem Kolosseum erhaben und eindrucksvoll.
Piazza del Colosseo; Metro Colosseo (d 3)

Bocca della Verità
(Mund der Wahrheit) ⸺⋟ S. 118, A 21
→ Piazza della Bocca della Verità, S. 54

Campidoglio (Kapitol)
⸺⋟ S. 118, A 21

Bereits in der Antike lag auf diesem kleinsten der sieben Hügel Roms das Machtzentrum der Stadt, und noch heute sitzt hier der Bürgermeister. Im Jahre 509 v. Chr. erbauten die Römer hier die Tempel von Jupiter, Juno und Minerva, der heiligen, staatsschützenden Trias. Und an der Stelle, wo sich heute die reich ausgestattete gotische Kirche **Santa Maria in Aracoeli** erhebt, stand einst die **Arx**, die Burg des antiken Roms. Die steile Treppe hinauf zur Kirche wird rechts daneben von der flacheren **Cordonata**, dem von Michelangelo entworfenen, majestätischen Aufgang zum Kapitol, flankiert. Stolz schauen die beiden Dioskuren Castor und Pollux dem Besucher entgegen und geben den Blick auf die hinter ihnen sich öffnende Piazza di Campidoglio frei. Diese geschmackvolle Platzanlage entwarf Michelangelo, von dem auch die Zeichnung für das Bodenoval mit dem Stern stammt.

Die heute so friedlich wirkende Engelsbrücke war früher ein Ort des Schreckens, nämlich einer der öffentlichen Hinrichtungsplätze im päpstlichen Rom.

Unwillkürlich zieht einen die Kopie der eleganten Reiterstatue des Kaisers Marc Aurel (138–161, Original in den Musei Capitolini) in Bann, die in der Renaissance als Vorbild für die Standbilder der Söldnerführer diente. Zentral in der hinteren Platzmitte ragt der Uhrturm über dem **Palazzo Senatorio**, dem Rathaus von Rom, empor. Der rechte Palazzo dei Conservatori und sein linker Zwilling, der Palazzo Nuovo, denen jeweils Pläne Michelangelos zu Grunde liegen, beherbergen die Sammlungen der Musei Capitolini (→ S. 73).
Bus 60, 64, 87

Campo de' Fiori ·····❯ S. 113, E 12
Am Morgen spielt sich hier werktags ein lebhafter Gemüsemarkt ab, am Abend hingegen spazieren, trinken, speisen und unterhalten sich hier unzählige Römer und Touristen, in lauen Sommernächten bis weit nach Mitternacht. Über allem wacht das ganze Jahr unbeweglich von seinem Sockel herab Giordano Bruno, der auf dem Campo im Heiligen Jahr 1600 als Ketzer auf dem Scheiterhaufen verbrannt wurde.
Bus 64, 116

Cappella Sistina
(Sixtinische Kapelle) ·····❯ S. 112, B 11
»Wer Urteilskraft besitzt und von der Malerei etwas versteht, der erkennt hier die erschreckende Gewalt der Kunst, sieht in den Gestalten Gedanken und Leidenschaften, die kein anderer außer Michelangelo je gemalt hat.« So urteilte schon der Kunsthistoriker Vasari im 16. Jh. über die Fresken der Sixtinischen Kapelle. Michelangelo malte die Fläche des 40 m langen und 13 m breiten Gewölbes zwischen 1508 und 1512 mit Szenen aus der Schöpfungsgeschichte bis Noah aus. Seit dem Ende der Restaurierung 1994 erstrahlen seine Figuren wieder in den kühnen, kräftigen Originalfarben und verleihen der Gesamtkomposition noch mehr Kraft. Sein absolutes Meisterwerk begann der Künstler als Sechzigjähriger 1535: das atemberaubende Jüngste Gericht an der Altarwand mit 391 Figuren, das er 1541 vollendete.

Bei all der Gewalt und der Schönheit der sich windenden Gestalten Michelangelos sollte man die herrlichen Fresken an den Wänden von seinen Kollegen Perugino, Rosselli, Botticelli, Ghirlandaio und Signorelli nicht übersehen. Rechts finden sich Szenen aus dem Leben Moses und links aus dem Leben Christi. Darüber grüßen Renaissancebildnisse von 30 Päpsten. In diesem einzigartigen Rahmen, der eine Verherrlichung Gottes und des Menschen darstellt, tagt bei der Papstwahl das Konklave. Man besichtigt die Sixtinische Kapelle im Rahmen der Vatikanischen Museen (→ S. 77).

Campidoglio (Kapitol) – Catacombe (Katakomben)

Castel Sant' Angelo (Engelsburg) 👥 ····⟩ S. 113, D 11

Kaiser Hadrian ließ sich nach eigenen Plänen ab 139 n. Chr. ein prachtvolles Grabmal am rechten Tiberufer errichten. 590 erschien Papst Gregor I. auf der Spitze des Mausoleums angeblich der Erzengel Michael, der sein Schwert zurück in die Scheide steckte und damit das Ende der gerade wütenden Pest anzeigte. Diese Episode verlieh dem Gebäude seinen heutigen Namen. Während des Mittelalters wurde das Grabmal zu einer mächtigen Festung ausgebaut und in die Aurelianischen Mauern integriert. Ihr Besitz sicherte den Zugang zum Vatikan, und als die Päpste nach dem Exil in Avignon 1376 nach Rom zurückkehrten, ließen sie sich die Schlüssel der Engelsburg und damit symbolisch die Macht in Rom übergeben.

Im Rahmen einer Besichtigung des **Museo Nazionale di Castel Sant' Angelo** wandert man von der hadrianischen Eingangsrampe über finstere Gefängniszellen hinauf zu den prunkvoll ausgemalten Papstgemächern und zur Waffensammlung.

Ein abendlicher Besuch der Engelsburg bietet zusätzlich zur auch tagsüber schönen Rundsicht auf Rom einen herrlichen Blick auf die weiß angestrahlte Peterskuppel. Eine von Hadrian angelegte Brücke, die heutige **Engelsbrücke** mit ihren prachtvollen, nach Plänen Berninis skulpierten zehn Engeln, verbindet die Festung mit der linken Tiberseite.

Lungotevere di Castello;
www.castelsantangelo.com; Bus 40, 280;
Di-So 9–19.30 Uhr; Abendöffnungen
Ende Juni–Ende Aug.; Eintritt 7 €, für Bürger der EU unter 18 und über 65 Jahren gratis, zwischen 18 und 25 Jahren 3,50 €

Catacombe (Katakomben) 👥

Die römischen Gesetze verboten es, Tote innerhalb der Stadtmauern zu begraben. Daher bestatteten die Einwohner ihre verstorbenen Verwandten entlang der Ausfallstraßen, indem sie Grabkammern in den weichen Tuff trieben. Rom besaß um Christi Geburt rund eine Million Einwohner: Man kann sich also leicht vorstellen, welch riesige Dimensionen diese Totenstädte aufwiesen, die Heiden, Juden und Christen gleichermaßen nutzten.

Wegzeiten (in Gehminuten) zwischen Sehenswürdigkeiten

	Campo de' Fiori	Campidoglio	Colosseo	Fontana di Trevi	Pantheon	Piazza Navona	San Pietro (Petersdom)	Santa Maria in Trastevere	Scalinata di Spagna	Villa Borghese
Campo de' Fiori	–	25	40	35	15	10	35	35	45	60
Campidoglio	25	–	15	25	20	25	65	35	35	50
Colosseo	40	15	–	35	30	35	75	45	40	55
Fontana di Trevi	35	25	35	–	15	20	60	60	10	25
Pantheon	15	20	30	15	–	5	35	30	25	40
Piazza Navona	10	25	35	20	5	–	30	30	30	45
San Pietro (Petersdom)	35	65	75	60	35	30	–	35	60	75
Santa Maria in Trastevere	35	35	45	60	30	30	35	–	60	75
Scalinata di Spagna	45	35	40	10	25	30	60	60	–	15
Villa Borghese	60	50	55	25	40	45	75	75	15	–

Santo Stefano Rotondo, die älteste Rundkirche Roms, zieht den Besucher durch die besondere Raumwirkung und die suggestiven Märtyrer-Fresken in seinen Bann.

Kilometerlange Gänge durchziehen den Tuff, und oft liegen fünf, sechs oder gar sieben Grabnischen übereinander. Diese Nischen waren in der Regel mit Ziegelplatten verschlossen. Diese Ziegelplatten sowie die Wände, größere »Grotten« und »Kapellen« schmücken Inschriften, Fresken und Symbole: christliche wie der Fisch (die Anfangsbuchstaben des griechischen Wortes stehen für Jesus Christus Gottes Sohn Erlöser), das Lamm, die Taube oder auch heidnische Symbole. In den Katakomben wurden auch die Märtyrer der frühen Christenheit beigesetzt, an deren Gräbern Gläubige um Beistand baten und Gottesdienste stattfanden. So entstand auch die gruselige Legende, dass sich die Christen in diesen unterirdischen Gängen versteckten und dort ihre Blutopfer vollzogen.
www.catacombe.roma.it

Die wichtigsten Katakomben:
San Callisto (Kalixtus) ····⟩ S. 91
Die Fresken und Inschriften lohnen den Besuch dieser im 2. Jh. angelegten Katakombe, dem ältesten offiziellen Friedhof der römischen Kirche.
Via Appia Antica 110; Metro Piramide (c 3) und Bus 118; Do–Di 9–12, 14–17 Uhr; Ende Jan.–Ende Feb. geschl.; Eintritt 5 €, 6–15 Jahre 3 €

San Sebastiano ····⟩ S. 91
Die Katakomben, die auch heidnische Grabbauten aufweisen, liegen unterhalb der Barockkirche San Sebastiano fuori le Mura, die aus dem 17. Jh. stammt. Der heilige Sebastian, den die Pfeile von Diokletians Häschern während der Christenverfolgungen um 300 n. Chr. durchbohrten, sowie für einige Jahre die Gebeine der Apostel Petrus und Paulus ruhten in diesen Gängen.
Via Appia Antica 132; Metro Piramide (c 3) und Bus 118; Mo–Sa 9–12, 14–17 Uhr, Mitte Nov.–Mitte Dez. geschl.; Eintritt 5 €, 6–15 Jahre 3 €

Sant' Agnese ····⟩ S. 111, F 8
Auf den Ziegelsteinen, die die Grabkammern verschließen, blieben die Namen der Verstorbenen lesbar.
Via Nomentana 349; Bus 36, 60, 90; Mo–Sa 9–12, 16–18 Uhr, Einlass bis 30 Min. vorher; So, Fei geschl.; Eintritt 5 €, 6–15 Jahre 3 €

Catacombe (Katakomben) – Città del Vaticano (Vatikanstaat) 43

Santa Domitilla
⇢ S. 118, südl. A/B 24

Die Grabgänge mit gut erhaltenen christlichen Symbolen zählen mit denen von San Callisto zu den längsten und eindruckvollsten in Rom.
Via delle Sette Chiese 282; Metro Piramide (c 3) und Bus 118; Metro S. Giovanni (d 3) und Bus 218; Mi–Mo 9–12, 14–17 Uhr; Ende Dez.–Ende Jan. geschl.; Eintritt 5 €, 6–15 Jahre 3 €

Santa Priscilla ⇢ S. 111, E 6
In diesen mit zu den frühesten zählenden Katakomben Roms findet sich die älteste Mariendarstellung aus dem 3. Jh. n. Chr.
Via Salaria 430; Tram 3, 19 und Bus 63; Di–So 8.30–12, 14.30–17 Uhr; Anf. Jan.–Anf. Feb. geschl.; Eintritt 5 €, 6–15 Jahre 3 €

Circo Massimo ⇢ S. 118, A/B 22
Der größte römische Zirkus liegt in der Senke zwischen Palatin und Aventin. Bereits in der römischen Frühzeit wurde der Platz für Spiele genutzt, erste Steinstrukturen für 300 000 Zuschauer entstanden jedoch erst im 2. Jh. v. Chr. Die letzten Rennen fanden hier im Jahr 549 statt. Heute erinnert nur noch die grasbedeckte Form an einstige Spektakel. Den schönsten Blick genießt man vom Palatin aus auf den Circo.
Metro Circo Massimo (c 3)

Città del Vaticano (Vatikanstaat) ⇢ S. 112, B 11
Seit der Schenkung des Frankenkönigs Pippin 756 herrschten die Päpste über den Kirchenstaat, der weite Teile Mittelitaliens umfasste. Nach der Einnahme Roms 1870 durch die piemontesischen Truppen des neuen italienischen Königs Viktor Emanuel II. zog sich der Papst in den Vatikan zurück. Erst 1929 regelten die Lateranverträge das Verhältnis zwischen dem italienischen Staat und dem Papst, dem der Vatikan sowie einige extraterritoriale Gebiete (u. a. der Lateran

> **MERIAN-Tipp**
>
> **5 Celio**
>
> Den Caelius-Hügel im Süden des Kolosseums zierten in der Antike wichtige öffentliche Einrichtungen, wie der Tempel des Kaisers Claudius, die Castra Peregrina für die Hilfstruppen aus den Provinzen oder die Ludi, die Kasernen der Gladiatoren. Unter den Bögen des Nero-Aquädukts steht der Zugang zur ältesten Rundkirche Roms, **Santo Stefano Rotondo**. Der überwältigende Raumeindruck des Gotteshauses aus dem 5. Jh. lohnt alleine schon den Besuch. Gleich in der Nähe plätschert die hübsche **Fontana della Navicella** (Schiffchen-Brunnen). Das Marmormodell eines römischen Schiffes ist die Kopie eines Votivbildes, das wohl ein Soldat aus den Castra Peregrina (unter Santo Stefano Rotondo) gestiftet hatte.
>
> Der Medici-Papst Leo X. ließ 1513 den Brunnen an der Piazza vor der bezaubernden frühchristlichen Kirche **Santa Maria in Domnica** aufstellen. Den Innenraum zieren noch 18 antike Säulen und byzantinisch anmutende Mosaike aus der Zeit Paschalis I. (817–824).
>
> Links neben der Kirche liegt der Haupteingang zur **Villa Celimontana**, einem erholsamen Park abseits jeden Touristenrummels mit Kinderzug. Richtung Süden reicht der Blick vom Park hinab auf die Terme di Caracalla, Richtung Norden gelangt man hinunter zur frühchristlichen Kirche **Santi Giovanni e Paolo**.
>
> Piazza della Navicella; Elektro-Bus 117, Bus 81, Tram 3 ⇢ S. 118, C 22

und die Sommerresidenz Castel Gandolfo) als souveränes Staatsgebiet zuerkannt wurden.

Noch heute regiert das Oberhaupt der katholischen Kirche, der Papst, den mit 44 ha kleinsten Staat der Welt und seine 750 Einwohner wie ein absoluter Monarch. Eine eigene Post mit bei Sammlern heiß begehrten Briefmarken, eine eigene Tageszeitung (»Osservatore Romano«), ein eigener Rundfunksender (Radio Vaticana), ein eigenes Gericht (Sacra Romana Rota), ein eigener Bahnhof und eine eigene Armee – die wirklich nur aus katholischen Schweizern bestehende Schweizer Garde: Der Vatikan ist ein Staat wie jeder andere, nur die moralische Autorität seines Oberhauptes hebt ihn aus der Masse heraus. Teile des kleinen Staates kann man im Rahmen des Besuchs der **Musei Vaticani** (→ S. 77), einer der größten und bedeutendsten Kunstsammlungen der Welt, besichtigen.

Audienzen:
Jeden Mittwochvormittag hält der Papst eine öffentliche Audienz in der Aula delle Udienze Pontificie (im Sommer auch auf dem Petersplatz). Auch andere päpstliche Zeremonien (Messen, Spezialaudienzen) und Konzerte können reserviert werden.
Kostenlose Eintrittskarten für die Audienzen erhalten Sie im Deutschen Pilgerzentrum, Via della Conciliazione 51; Tel. 0 66 89 71 97; www.pilgerzentrum.de; Mo–Fr 8.30–18 Uhr, Sa 8.30–12.30 Uhr, oder bei den Schweizer Gardisten am Bronzetor am rechten Ende des Petersplatzes, tgl. 9–19 Uhr; generelle Auskunft im Centro Servizi Pellegrini e Turisti; Piazza San Pietro, linker Flügel; **Tel. 06 69 88 16 62;** Metro Ottaviano-San Pietro (c 2); www.vatican.va; Anmeldung zu Führungen unter Fax 06 69 88 51 00 (um 10 Uhr Di, Do, Sa, Nov–Feb. nur Sa), auch auf Deutsch, durch die Giardini Vaticani (Vatikanische Gärten); Eintritt 12 €

Colosseo (Kolosseum)
⤑ S. 118, B/C 21

Schon Goethe stand auf seiner Italienreise im Jahr 1786 staunend vor dem Kolosseum: »Wenn man das ansieht, scheint wieder alles andere klein, es ist so groß, dass man das Bild nicht in der Seele behalten kann.«

Kaiser Vespasian aus der Familie der Flavier begann 79 n. Chr. mit dem Bau des **Amphitheatrum Flavium** – wie das größte, erstmals ganz aus Stein (und nicht aus Holz) errichtete Amphitheater der römischen Welt offiziell hieß. Sein Sohn Titus weihte das 48,5 m hohe, 50 000 Zuschauer fassende Oval ein Jahr später mit

Offiziell heißt das Kolosseum Amphitheatrum Flavium, weil es im 1. Jahrhundert n. Chr. von Herrschern aus der Familie der Flavier erbaut wurde.

100-tägigen Festspielen ein. Die Flavier sorgten für das Vergnügen des Volkes, nicht wie noch Kaiser Nero nur für sein eigenes: Für den Bau des Kolosseums ließen sie den See von Neros Prunkpalast, der auf dem Colle Oppio liegenden Domus Aurea, zuschütten. Das Volk sollte mit »panem et circenses«, Brot und Spielen, bei Laune gehalten werden. Die 80 Rundbögen der ersten drei Stockwerke rahmen unten dorische, in der Mitte ionische und oben korinthische Halbsäulen. In den kleineren viereckigen Löchern waren 240 Balken verankert, die ein großes Segeltuch hielten, um die Zuschauer vor der Sonne zu schützen. Streng hierarchisch geordnet saßen unten der Kaiser und die Priester, darüber die Patrizier und weiter oben das Volk, um dem Spektakel in der 78 m langen und 46 m breiten Arena beizuwohnen. Das Bronzekreuz dort erinnert an die der Legende nach im Kolosseum gestorbenen christlichen Märtyrer. Zurzeit laufen Ausgrabungen, die raffinierte Aufzüge von den Tierkäfigen zur Arena aufdecken.

Piazza del Colosseo; Metro Colosseo (d 3); Sommerzeit tgl. 8.30–19.15 Uhr, Sept. –19, Okt. bis 18.30, Ende Sommerzeit–Mitte Feb. bis 16.30, bis Mitte März bis 17, bis Ende März bis 17.30 Uhr (die Kasse schließt jeweils 1 Stunde eher); Eintritt 9 € (bei Ausstellungen 11 €); für Bürger der EU unter 18 und über 65 Jahren gratis, zwischen 18 und 25 Jahren 4,50 €; Ticket gilt auch für Palatin; Archeologiacard für 20 €, gültig 7 Tage, auch für Museo Nazionale Romano (→ S. 75), Terme di Caracalla (→ S. 66) u. a.

EUR ⸺⸺⸺⸺> S. 118, südl. B 24

Mussolini plante 1937, die Zwanzigjahrfeier seines faschistischen Regimes 1942 mit der Errichtung eines neuen Viertels gebührend zu würdigen. Grandioses, Bombastisches, Prunkvolles, aber auch moderne Infrastrukturen und öffentliche Parks sollten bei der Einweihung im Rahmen einer **E**sposizione **U**niversale **R**omana (daher der Name E.U.R.) der Öffentlichkeit vorgestellt werden. Der Ausbruch des Zweiten Weltkriegs verhinderte zunächst die Pläne des Diktators, ab 1951 wurde das Viertel jedoch fertig gestellt. Beiderseits der Prunkallee Viale Cristoforo Colombo stehen in der heute gehobenen Wohngegend architektonisch durchaus interessante Gebäude: die in der Zeit des Faschismus entstandenen zeichnen sich durch Anklänge an die Klassik und Monumentalität, Marmor oder Travertinverkleidungen aus, die ab den Fünfzigerjahren entstandenen durch einfache geometrische Formen und viel Glas. Herausragend sind der **Palazzo della Civiltà del Lavoro**, der aufgrund seiner 216 Rundbögen auch »quadratisches Kolosseum« genannt wird, der **Palazzo dei Congressi** mit seinen 12 m hohen Granitsäulen und seinem riesigen Empfangs-»Würfel«, der Rundbau des **Palazzo dello Sport** (Olympische Spiele 1960) sowie einige sehenswerte Museen (→ S. 73, 77).

www.romaeur.it; Metro EUR Magliana (c 3), EUR Palasport (c 3) und EUR Fermi (d 3)

Fontana delle Naiadi (Najaden-Brunnen) ⸺⸺> S. 114, C 15

Als prächtiges Eingangstor zur neuen Hauptstadt Italiens sollte die Piazza della Repubblica die vom Bahnhof kommenden Reisenden empfangen, bevor sie über die Via Nazionale hinunter zum Nationaldenkmal für Viktor Emanuel II. weitergehen. Dieser Funktion diente auch die Anlage des Brunnens von 1888, den seit 1901 vier Bronzegruppen schmücken.

Piazza della Repubblica; Metro Repubblica (d 2)

Fontana di Trevi (Trevi-Brunnen) 👥
⸺⸺> S. 114, A 15

Wie man auf kleinstem Raum Spektakuläres schaffen kann, zeigte Nicola Salvi im Auftrag Papst Clemens XII. ab 1732. Eingeweiht wurde die

»Colosseo quadrato«: das bekannteste Bauwerk des EUR-Viertels (→ S. 45), mit dessen Errichtung unter Mussolini begonnen und das in den 1950er Jahren fertiggestellt wurde.

20 m breite und 26 m hohe, fast einer Palastfassade gleichende Brunnenanlage allerdings erst 1762. In der Mitte des Barockensembles lenkt der Meeresgott Oceanus ein wildes und ein sanftes Pferd, die von Tritonen geführt werden. Über eine aus Felsen geformte »Küstenlandschaft« ergießt sich das Wasser hinunter in das weite »Meer«. Das ewig fließende Wasser gilt als Sinnbild der Lebenskraft der Ewigen Stadt.

Weltberühmt machte den Brunnen schließlich Fellinis Film »La dolce vita«, in dem Anita Ekberg vor den Augen Marcello Mastroiannis in den Fluten badet. Auch die Legende, dass man eine Münze ins Wasser werfen muss (mit dem Rücken zum Brunnen und der rechten Hand über die linke Schulter!), um nach Rom zurückzukehren, hält sich bis heute.

Piazza di Trevi; Bus 62, Bus 116, 117, 119

Foren

⤑ S. 114, A/B 16, S. 118, A/B 21

Die wichtigsten öffentlichen Institutionen der Römer lagen auf den Foren. Hier tagte der Senat, hier zelebrierte der Pontifex Maximus in den Tempeln die Staatsmessen, hier hüteten die Vestalinnen das heilige Feuer, hier trafen sich Streitgegner in den Basiliken (Gerichts- und Handelsgebäuden), hier hielt Cicero seine Reden auf den Rostra, und hier flanierten Römer und Römerinnen vorbei an der Marmorpracht. Ursprünglich bezeichnete Forum einen Marktplatz, wie das Forum Boarium, den Rindermarkt. Vom Forum Romanum wurden die Händler später verdrängt, um noch deutlicher den staatlichen Charakter zu betonen. Neben dem Forum Romanum ließ Cäsar (ermordet an den Iden des März 44 v. Chr.) ein weiteres Forum errichten. Diesem Beispiel folgten auch sein Adoptivsohn Augustus (27 v.–14. n. Chr.) sowie die Kaiser Vespasian (69–79), Nerva (96–98) und Trajan (98–117). Diese so genannten »Kaiserforen« (**Fori Imperiali**) bestehen alle im Wesentlichen aus einem von einem Portikus gesäumten Platz mit einem Tempel. 1931–33 ließ Mussolini die Via dei Fori Imperiali anlegen, um einen freien Blick von der Piazza di Venezia zum Kolosseum zu genießen. Ihr musste ein gewachsenes Stadtviertel aus Mittelalter und Renaissance weichen, und auch der größte Teil der Kaiserforen liegt unter ihr begraben. Von der Piazza di Venezia kommend, reihen sich links die Foren Trajans, Augustus' und Nervas, vor denen jeweils die Statuen der Kaiser stehen, rechts das Cäsars, ebenfalls mit Statue, sowie der Templum Pacis, das Forum Vespasians.

Nur Besuch des Museums, keine Besichtigung der Kaiserforen möglich, da z. Zt. Ausgrabungen stattfinden; Infos zur Wiedereröffnung und neuen Besuchszeiten im Visitor Center Fori Imperiali, Via dei Fori Imperiali (gegenüber der Kirche Santi Cosma e Damiano); tgl. 9.30–18 Uhr; Tel. 0 66 79 77 86;

Museo dei Fori Imperiali, Eingang Via 4 Novembre; Tel. 0 66 79 00 48; Mo–Sa 9–18 Uhr; Eintritt 6,20€

Foro di Augusto ⟶ S. 114, B 16

Augustus ließ sein Forum zwischen 31 und 2 v. Chr. anlegen. Die linke halbrunde Exedra wurde in den ehemaligen Sitz der Johanniter (der spätere Ritterorden von Rhodos, dann von Malta), in die Casa dei Cavalieri di Rodi, einbezogen. In der hinteren Mitte des Forumsplatzes erkennt man noch gut den Treppenaufgang zum Tempel für den Kriegsgott Mars Ultor, von dem auch die drei 15 m hohen Säulen rechts und Mauerreste der Cella erhalten sind.

Via dei Fori Imperiali; Bus 60, 85, 117; Metro Colosseo (d 3)

Foro di Cesare ⟶ S. 114, A 16

Zwischen 54 und 46 v. Chr. entstand das Forum Cäsars, in dem z. Zt. Ausgrabungen durchgeführt werden. Die Pilaster gehören zur Basilica Argentaria, dem Sitz der Börse und der Wechselstuben. Erhalten blieben weiter die zweigeschossigen Reste der Tabernae, der Kaufmannsläden, sowie drei korinthische Säulen mit Gebälk des Tempio di Venere Genitrice. Die »gens Iulia«, zu der auch Gaius Iulius Cäsar gehörte, stammte laut Legende von der Göttin ab. Ein Venus-Tempel verherrlichte damit nicht nur die Göttin selbst, sondern auch Cäsar. Einen guten Überblick genießt man von der Via San Pietro in Carcere, die hinauf zum Kapitol führt.

Bus 60, 85; Metro Colosseo (d 3), Bus 87, 117

Foro di Nerva ⟶ S. 118, B 21

Im Jahre 97 weihte Nerva sein Forum ein. Die ehemalige Pracht der Anlage spiegeln noch die beiden Säulen mit ihrem Architrav wider. Die feinen Reliefs zeigen »Frauenarbeiten«, da diese unter dem Schutz Minervas standen, der der Tempel des Forums geweiht war.

Via dei Fori Imperiali; Bus 60, 85, 117; Metro Colosseo (d 3)

Foro Romano ⟶ S. 118, A/B 21

Das ursprünglich sumpfige Gelände dieses Tales zwischen Kapitol, Quirinal, Palatin und Velia ließen die etruskischen Könige im 6. Jh. v. Chr. durch den Bau der Cloaca Maxima entwässern. So konnte es im Laufe der Zeit zum Mittelpunkt des öffentlichen Rom aufsteigen.

Das **Forum Romanum** bildete das Aushängeschild der Weltmacht, von hier aus wurde das Imperium regiert. Bis in die Spätantike hielt die Marmorpracht. Mit dem Ende des Römischen Reiches verfielen Tempel und Basiliken dann langsam und überlebten nur, wenn sie in christliche Kirchen oder Festungen umgewandelt wurden.

Rechts vom Haupteingang spaziert man auf der **Via Sacra** (Heilige Straße) an den Resten der **Basilica Emilia** vorbei zur **Curia**. In dem hohen Backsteingebäude trafen sich die 300 Senatoren, die in republikanischer Zeit über die Geschicke des Römischen Reiches entschieden. Im 7. Jh. wurde die Curia in eine Kirche umgewandelt und überstand so relativ intakt die Zeiten. Ihre riesigen

Bronzetüren etwa wurden erst im 17. Jh. in die Kirche San Giovanni in Laterano transportiert, vor Ort sieht man heute Kopien. Zwischen der Curia und dem **Arco di Settimio Severo** aus dem Jahre 203, der den Sieg des Kaisers über die Parther zelebriert, lag einst das Comitium, der Platz der Volksversammlungen. »Senatus populusque Romanus«, Senat und Volk von Rom: Beide gemeinsam beeinflussten die Politik der Stadt. Die dunklen Marmorplatten vor dem Arco, der **Lapis Niger**, bilden Überreste eines Heiligtums zu Ehren des Gottes Vulkan aus dem 6. Jh. v. Chr. und zählen damit zu den ältesten des Forums. Der Legende nach soll hier das Grab des Stadtgründers Romulus liegen. Links vor dem Arco di Settimo Severo erkennt man die erhöhte Basis der **Rostra** (Rednerbühnen).

Sie erhielten ihren Namen von den Schnäbeln (lat. »rostra«) eroberter Schiffe, die sie schmückten. Hinter dem Arco di Settimo Severo erhebt sich auf dem antiken **Tabularium** das Rathaus der Stadt, der Palazzo Senatorio. Die drei korinthischen Säulen gehören zum **Tempio di Vespasiano e Tito** aus der Zeit Diokletians, unter dem gewinkelten Portikus standen hingegen die Statuen der **Dei consentes**, der zwölf höchsten Götter. Auf dem Gelände des Forums bewahrten die Römer auch ihren Staatsschatz auf, nämlich im **Tempio di Saturno**, von dem noch acht Säulen mit ionischen Kapitellen übrig blieben.

Vorbei an der einzeln stehenden Ehrensäule für den byzantinischen Kaiser Phokas, der **Colonna di Foca**, die 608 als letztes Baustück auf dem

Forum aufgestellt wurde, lässt man rechts die Ruinen der **Basilica Giulia**, die Cäsar errichtete, liegen. Hinter den drei korinthischen Säulen mit Architrav (Tragbalken) vom Tempel des Kastor und Pollux ziehen die Reste des weißen Rundtempels, **Tempio di Vesta,** den Blick an. Hier hüteten die Vestalinnen das Ewige Feuer. Falls eine Priesterin es doch ausgehen ließ, wurde sie lebendig begraben. Neben einer Edicola liegt der Eingang vom Wohnhaus, der **Casa delle Vestali**.

Die spärlichen Reste zwischen dem Tempio di Vesta und dem **Tempio di Antonino e Faustina** links vom Haupteingang gehören zum ehemaligen Königspalast, der **Regia**. Hier residierten im 6. Jh. v. Chr. die etruskischen Könige. Der Tempio di Antonino e Faustina verdankt ebenso wie die Curia seinen guten Zustand der Umwandlung in eine Kirche, auch wenn die 1602 hinzugefügte Barockfassade hinter den Säulen mit ihren korinthischen Kapitellen etwas eigenartig wirkt. Dass Rom schon vor seiner »offiziellen« Gründung im Jahre 753 besiedelt war, beweisen die Grabstätten aus der Eisenzeit (10.–8. Jh. v. Chr.) auf der rechten Seite des Tempels. An dem kleinen Rundbau, dem **Tempio di Romolo**, kann man noch eine original erhaltene Bronzetür aus dem 4. Jh. bewundern.

Eines der wichtigsten Modelle für die christlichen Kirchenbauten seit dem Mittelalter bildeten die Basiliken. Bramante etwa nahm sich die **Basilica di Massenzio** (oder **di Costantino**) für den Petersdom zum Vorbild. Bis heute beeindrucken die Reste der dreischiffigen Anlage, die Maxentius 308 begann und Kaiser

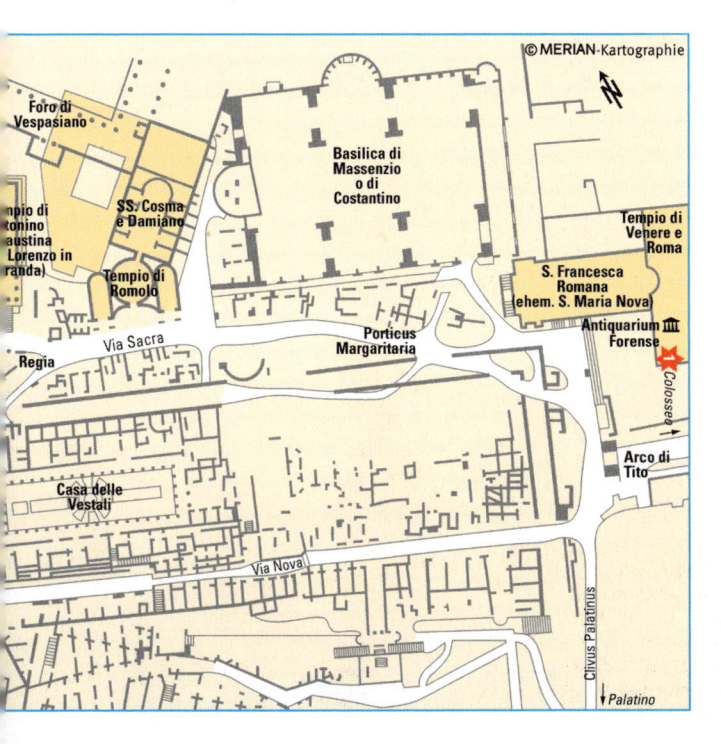

Konstantin vollendete. Vorbei an ehemaligen Verwaltungs-, Lager- und Markträumen führt die Via Sacra zum **Arco di Tito**. Nach dem Tod des Kaisers 81 n. Chr. ließ der Senat den Triumphbogen zum Andenken an die Eroberung Jerusalems 70 n. Chr. errichten. Die wichtigsten Statuen und Reliefs des Forum Romanum zeigt das **Antiquarium Forense**, das links vom Titusbogen rund um den Kreuzgang der Kirche Santa Francesca Romana (früher Santa Maria Nova) liegt. Der Clivus Palatinus führt vom Forum Romanum hinauf auf den Palatin.
Largo Romolo e Remo 5 (Via dei Fori Imperiali) und Piazza di Santa Maria Nova 53 (Arco di Tito); Bus 60, 85, 117, Metro Colosseo (d 3); Winter tgl. 8.30–16.30, Mitte Feb.–Mitte März bis 17, Mitte März–Sommerzeit bis 17.30, April–Aug. bis 19.15, Sept. bis 19, Okt. bis 18.30 Uhr (Einlass bis jeweils 75 Min. vorher); Curia und Antiquarium Forense wie Forum Romanum; freier Eintritt; deutschsprachige Audioführer für 4 €

Foro di Traiano   ⸺> S. 114, A 16
Das fast 40 m hohe Wahrzeichen des ab 107 n. Chr. angelegten Trajansforums bildet die **Colonna Traiana**. Rund um die Säule zieht sich ein 200 m langes Reliefband nach oben, das in allen Einzelheiten die Kriege (101/102 und 105/106) des Kaisers erzählt. 1587 wurde die Statue Trajans auf der Säulenspitze durch die des Apostels Petrus ersetzt. Quer vor der Säule lag einst die größte antike Basilika (170 x 60 m) Roms, die **Basilica Ulpia**. Erhalten blieben nur die Säulen dieses Gebäudes, der ehemalige Forumsplatz liegt heute unter den Grünanlagen. Im Nordosten, in den Quirinalshügel hineingebaut, erheben sich die imposanten Strukturen der **Mercati Traiani**, 👥 ein antikes Shopping-Center, mit der mittelalterlichen Torre delle Milizie.

Den Platz hinter der Trajanssäule, wo einst der Tempel lag, zieren heute die beiden Schwesterkirchen Santa Maria di Loreto (links) aus der Renaissance und die barocke Santissimo Nome di Maria (rechts).
Via 4 Novembre 94; Elektro-Bus 117 bzw. Bus 64; Di–So 9–13.30 Uhr; Einlass an der Säule, Mercati Traiani z. T. in restauro; Eintritt 3,10 €, für Bürger der EU unter 18 und über 65 Jahren gratis

Vom Gianicolo aus, einem der sieben Hügel Roms, liegen dem Besucher Kuppeln, Türme, Monumente und Paläste der Stadt zu Füßen.

Il Gesù ⇢ S. 113, F 12

Die Kirche Santissimo Nome di Gesù, wie ihr offizieller Name lautet, entstand ab 1568 als erste Kirche des 1540 neu gegründeten Jesuitenordens. Die Fassade vollendete Giacomo della Porta bis 1577. Sie bedeutet den Beginn des Barock in Rom. Prachtvoll prunkt der Innenraum mit Stuck und Gold.

Piazza del Gesù; Bus 62, 64, 81, 87

Ghetto ⇢ S. 117, F 17

Bereits vor Christi Geburt lebten jüdische Händler in Rom. Im Mittelalter siedelten sie meist auf der linken Tiberseite in Trastevere. Erst im Zuge der Gegenreformation zwang Papst Paul IV. die Juden im Jahre 1555 auf das andere Ufer in ein Ghetto. Die Tore an der Piazza Pescheria und der Piazza Giudea wurden täglich von Sonnenuntergang bis Sonnenaufgang geschlossen.

Erst 1848 öffnete Papst Pius IX. endgültig das Ghetto, die vollen Bürgerrechte erhielten die Juden allerdings erst 1870 nach der Eingliederung des Kirchenstaates in das neue italienische Königreich. Während des Faschismus war den Juden ab 1938 die Teilnahme am öffentlichen Leben untersagt. Die Deportation von 2091 Juden nach Deutschland (von denen nur 15 zurückkehrten) organisierte die Gestapo nach der Besetzung Italiens im Oktober 1943.

Heute spürt man nur noch einen Hauch von dem einst armseligen Leben auf engstem Raum in der Via Portico d'Ottavia und einigen Seitengassen. Hier gibt es noch jüdische Bäcker und Lebensmittelläden sowie kleine Trattorien. In Rom leben heute etwa 16 000 Juden, deren religiöses und kulturelles Zentrum die 1904 im assyrisch-babylonischen Stil errichtete **Synagoge** am Lungotevere dei Cenci bildet. Sie beherbergt das sehenswerte **Museo Ebraico**.

Via Portico d'Ottavia, Lungotevere dei Cenci; Bus 81, 95 und 23, 280, Tram 8;
Museo Ebraico: Mo–Do, So 10–17, Fr 10–14 Uhr; Juni–Sept. Mo–Do, So 10–19, Fr 10–16 Uhr, Sa und jüd. Fei geschl.; Eintritt 7,50 €, Kinder bis 10 Jahre gratis, dann 3 €

Gianicolo ⇢ S. 116/117, C/D 17

Mindestens einmal sollte man während eines Rom-Besuches schon hinauf auf den 80 m hohen Hügel. Denn vom Gianicolo bietet sich einer der schönsten Panoramablicke über die Stadt: ein Dächermeer, aus dem die barocken Kuppeln, einige romanische Glockentürme und das unübersehbare Nationaldenkmal für Viktor Emanuel II. herausragen. Entweder genießt man die Aussicht von der Piazza del Faro, wo ein Leuchtturm (»faro«) in den römischen Himmel ragt, oder vor dem Reiterstandbild Giuseppe Garibaldis. Dieses schmückt den Platz, denn Garibaldi verteidigte (allerdings vergeblich) den Hügel im Namen der römischen Republik im Jahre 1849 gegen die französischen Truppen, die dem Papst zur Rückkehr verhalfen. Und das Puppentheater an der Piazza erfreut Ihre Kleinen (tgl. kurz nach 12 Uhr).

Übrigens: Die Passeggiata del Gianicolo klingt zwar nach »Spazierweg auf dem Gianicolo«, ist aber eine viel befahrene Straße!

Bus 115, 870, ab Piazza Paoli (am Ende des Corso Vittorio Emanuele II);
Metro Termini (d 2), Piazza Paoli Bus 64

Monumento a Vittorio Emanuele II
⇢ S. 114, A 16

Nach Meinung vieler Römer ist der schönste Aussichtsplatz der Stadt die Terrasse des Denkmals: Sie ist nämlich die einzige, von der aus man es nicht sieht! Bis heute streiten sich Gegner und Befürworter des weißen »Altars des Vaterlandes«, der wegen seiner Form im Volksmund auch die »Schreibmaschine« heißt. Zu den Kritikpunkten zählt der Zuckerbäckerstil ebenso wie die gigantische Dimension (Höhe 70 m, Breite 135 m,

Tiefe 130 m). Das klassizistische Bauwerk wurde ab 1885 zum Gedenken an Viktor Emanuel II., der Italien 1870 durch die Eroberung Roms geeint hatte, errichtet. Heute dienen die erst 1927 hinzugefügten Quadrigen als Orientierungspunkt in der Stadt. Seit Mai 2007 führt ein Aufzug auf das Dach des Monumento: Der Blick über Rom zählt zu den atemberaubendsten der Stadt!
Piazza di Venezia; Bus 64, Elektro-Bus 117; Aussichtsterrasse tgl. Winter 9.30–16.15, Sommer bis 17.15 Uhr; Eintritt gratis
Aufzug So–Do 9.30-19.30, Fr, Sa bis 23.30 Uhr; Eintritt 7 € (erst ab 10 Jahren Zugang), von 10 bis 18 und über 65 Jahren 3,50 €)

Mura Aureliane (Aurelianische Stadtmauer)

Als im 3. Jh. n. Chr. die Germanen bis Norditalien vordrangen, schien auch eine Gefährdung Roms nicht mehr ausgeschlossen. Die alten Mura Serviane waren längst verfallen, so dass Kaiser Aurelian 271 mit dem Bau einer neuen Stadtmauer begann, die Probus 277 fertig stellte.

Das Bauwerk umschloss etwa die gesamte heutige Altstadt Roms und Trastevere. Die Mauer öffneten 16 größere und 16 kleinere Tore, alle 30 m schützte sie ein quadratischer Turm, insgesamt 383. Besonders gut erhaltene Teilstücke sieht man von der **Porta Pinciana** zur **Porta Pia** entlang des Corso d'Italia mit noch 18 Wehrtürmen sowie am Trakt zwischen der **Porta Metronia** und der **Porta Ardeatina** entlang des Viale Metronio. Noch original römisch präsentiert sich bis heute die **Porta Latina** mit ihrer Travertinfassade.

Im größten Tor, der **Porta San Sebastiano** (ehemals Porta Appia), befindet sich das **Museo delle Mura di Roma**, das Einblick in die Geschichte der Stadtmauer gibt. Hier kann man auf einem Wehrgang ca. 300 m entlangwandern.

Das geschichtsträchtigste Stadttor ist zweifellos die **Porta Pia** am Beginn der Via Nomentana, deren Innenfassade Michelangelo in den Jahren 1561 bis 1564 entwarf.
Porta Pinciana, Porta Pia: Bus 116, 490, 495; Porta Metronia: Bus 81; Porta Ardeatina: Bus 118; Porta Latina: Bus 360, 218; Porta San Sebastiano: Bus 118, 218; Museo delle Mura di Roma, Via Porta San Sebastiano 18; www.museodellemuraroma.it; Di–So 9–14 Uhr; Eintritt 3 €, zwischen 18 und 24 Jahren 1,50 €, für Bürger der EU unter 18 und über 65 Jahren gratis

Palatino (Palatin)
⇢ S. 118, A/B 21

Hier finden sich die ersten Siedlungsspuren in Rom mit der so genannten Hütte (»capanna«) des Romulus in der Westecke, hier wohnten die reichen Patrizier, auch Cicero, hier legten die Kaiser ihre prachtvollen Residenzen an. Kaiser Otto III., der das Römische Reich um 1000 wieder auferstehen lassen wollte, wählte ebenfalls den Palatin als Sitz seines Hofes. In der Renaissancezeit überzog der spätere Papst Paul III. aus der Familie der Farnese das Areal des Tiberius-Palastes mit den **Orti Farnesiani**, einer fantasievollen Gartenanlage.

Zu den interessantesten Punkten des Palatin zählen die **Casa di Livia** der Gattin des Augustus (z. Zt. »restauro«), der Komplex der **Domus Flavia**, des Palastes der Kaiser aus der Flavier-Familie, die **Domus Augustana**, die sich im Osten an die **Domus Flavia** anschließende Residenz der Kaiser ab Domitian (z. Zt. »in restauro«), und jenseits des Stadio Palatino die majestätischen Unterbauten der **Domus Severiana**. Das Museo Palatino zeigt Ausgrabungsfunde.
Zugang vom Forum Romanum beim Arco di Tito (Piazza di Santa Maria Nova 53) oder von der Via di San Gregorio Magno 30; Metro Colosseo (d 3), Tram 3, Bus 81; Sammelticket mit Colosseo, gleiche Öffnungszeiten, → S. 44

Eine Meisterleistung barocker Baukunst und ein würdiger Rahmen für die dort ausgestellten Werke Alter Kunst (→ S. 71): der Palazzo Barberini.

Palazzo Barberini ⸺⟩ S. 114, B 15
Carlo Maderno entwarf ab 1625 für die Familie Barberini einen der eindrucksvollsten Paläste des römischen Barock. Das Schema des traditionellen Renaissancepalastes, der um einen Innenhof angelegt war, wurde zu Gunsten barocker Formen aufgegeben. Unter den Deckenfresken des 1. Stocks verdient die allegorische Verherrlichung der Familie Bernini und ihres Papstes Urban VIII. besondere Aufmerksamkeit, die Pietro da Cortona 1632–36 für den Salone malte. Der Palast beherbergt die **Galleria Nazionale d'Arte Antica** (→ S. 71).
Via delle Quattro Fontane 13; Metro Barberini (d 2), Elektro-Bus 116, 119

Palazzo Corsini ⸺⟩ S. 117, D 17
→ S. 71

Palazzo Doria Pamphilj
⸺⟩ S. 114, A 16
→ Gallerie Doria Pamphilj, S. 70

Palazzo Farnese ⸺⟩ S. 113, E 12
Dieser im Auftrag des Kardinals Alessandro Farnese, des späteren Papst Paul III., ab 1517 errichtete Palast steht am Ende der Renaissance in Rom. Antonio da Sangallo d. J. begann den heutigen Sitz der französischen Botschaft an der ruhigen Piazza Farnese, nach seinem Tod übernahm 1546 Michelangelo die Bauleitung, vollendet wurde er 1589 von Giacomo Della Porta. Von Michelangelo stammt das weit ausladende Gesims, das den Palazzo majestätisch zusammenhält. Zu den herausragenden Leistungen des Künstlers gehört die Gestaltung des Innenhofs, der jedoch aus Sicherheitsgründen meist ebenso geschlossen ist wie die großartige Galleria, die Annibale Carracci mit dem idealistischen Freskenzyklus »Triumph der Liebe im Universum« um 1600 ausmalte.
Piazza Farnese; Elektro-Bus 116, Bus 64

Palazzo del Quirinale ⸺⟩ S. 114, B 15
Hinter den unzähligen Fenstern des ockerfarbenen Palastes spielte sich jahrhundertelang die große Politik in Rom ab. Ab 1573 wurde dieser Bau als Sommerresidenz der Päpste errichtet. Nach der Einnahme der Stadt 1870 residierte hier der italienische König, und seit der Abschaffung der

Monarchie 1947 ist er Amtssitz des italienischen Staatspräsidenten.
Piazza del Quirinale; www.quirinale.it; Elektro-Bus 117, Bus 71

Palazzo di Venezia ⋯⋯> S. 114, A 16
Der erste Renaissancepalast in Rom erinnert noch sehr an eine mittelalterliche Adelsfestung. Die Marmorfenster des 2. Stocks zur Piazza Venezia hin verraten jedoch ebenso wie das dortige feine Eingangsportal und der elegante, unvollendet gebliebene Innenhof die Renaissance. Kardinal Pietro Barbo begann 1455 den Bau, den er nach seiner Wahl zum Papst Paul II. ab 1465 großzügig erweiterte. Ab 1564 residierten in dem Palazzo die Botschafter der Republik Venedig – daher der Name des Palastes. Während des Faschismus tagte hier der Große Rat des Faschismus, und Mussolini wählte sich die Sala del Mappamondo als Arbeitszimmer. Vom Balkon des Palastes hielt er seine flammenden Reden. Das **Museo Nazionale del Palazzo di Venezia** zeigt ein reichhaltiges Sammelsurium von Waffen, Wandteppichen, Skulpturen, Schmuck, Silberarbeiten, Porzellan und Gemälden vom Mittelalter bis zur Neuzeit.
Piazza Venezia/Via del Plebiscito 118; www.galleriaborghese.it; Bus 60, 62, 64, Elektro-Bus 117; Di–So 8.30–19.30 Uhr (Kasse 18.30 Uhr); Eintritt 4 €, für Bürger der EU unter 18 und über 65 Jahren gratis, zwischen 18 und 25 Jahren 2 €

Pantheon ⋯⋯> S. 113, F 12
Dieser majestätische Tempel bildet bis heute wohl das großartigste Zeugnis antiker Baukunst in Rom. Das harmonische Zusammenwirken einfacher geometrischer Formen – eine Halbkugel auf einem Zylinder, ein Rechteck mit einem dreieckigen Giebel – verleihen dieser Konstruktion etwas Geniales. 27 v. Chr. von dem Konsul Agrippa erbaut, ließ Kaiser Hadrian das Pantheon zwischen 118 und 125 neu gestalten. Seinen ausgezeichneten Erhaltungszustand verdankt es der Umwandlung in die christliche Kirche Santa Maria ad Martyres durch Papst Bonifaz IV. im Jahre 609. Vorbei an den 16 Säulen, die die Vorhalle (Pronaos) tragen, betritt man den grandiosen Innenraum durch die großen, original erhaltenen Bronzetüren.
Die Kuppel ist mit einem Durchmesser von 43,3 m die größte der Welt (Kuppel des Petersdoms von Michelangelo 42,56 m, Kuppel von Santa Maria del Fiore in Florenz von Brunelleschi 42 m). Sie wurde aus Zement auf eine Holzverschalung gegossen. Fünf Reihen von Kassetten führen den Blick unwillkürlich hinauf zu dem 9 m breiten Loch, das die einzige Lichtquelle des Raumes bildet. Die harmonischen Proportionen, die genau kalkulierten Dekorationselemente – rechteckige Nischen wechseln mit halbrunden, dreieckige Tympana über den Ädikulen mit runden –, die farbigen Marmorverkleidungen und Säulen: Alles strahlt Vollkommenheit aus. Inmitten dieser Pracht fand Raffael seine letzte Ruhestätte (dritte Ädikula links). Auch einige Mitglieder der königlichen Familie sind hier bestattet.
Piazza della Rotonda; Elektro-Bus 116; Mo–Sa 8.30–19.30, So 9–18, Fei 9–13 Uhr; freier Eintritt

Piazza della Bocca della Verità
⋯⋯> S. 118, A 21
Eine interessante Mischung aus Antike, Mittelalter und Barock charakterisiert die heute wenig romantische, vom Verkehr beherrschte Piazza, an der in der Antike der Viehmarkt Roms lag. Hier mündete auch die berühmte Cloaca Maxima in den Tiber (Öffnung vom Ponte Palatino aus noch sichtbar). Zweistöckige Häuser sind bereits für das Jahr 215 v. Chr. bezeugt. Zwei Tempel aus dem 2. Jh. v. Chr., die zu den wenigen erhaltenen der republikanischen Zeit gehören, überlebten hier dank ihrer Umwandlung in christliche Kirchen in hervorragendem

Zustand. Der **Tempio di Vesta** erhielt seinen Namen aufgrund der Ähnlichkeit zum Vestatempel auf dem Forum Romanum. Der **Tempio della Fortuna Virile** war eigentlich dem Hafengott Portunus geweiht.

Die Fontana dei Tritoni in der Platzmitte aus dem 18. Jh. nimmt das Thema der berühmten Fontana del Tritone von Bernini wieder auf. Der Name der Piazza geht auf die **Bocca della Verità** (Mund der Wahrheit) zurück, die links unter dem Portikus der Kirche Santa Maria in Cosmedin liegt. Wenn ein Lügner seine Hand in die Maske des antiken Gottes streckt, wird sie ihm abgebissen – der Legende nach!

Piazza della Bocca della Verità; Bus 23, 81, 170, 280

Piazza Colonna ⸺⟩ S. 113, F 11

Die namensgebende Colonna di Marco Aurelio in der Platzmitte feiert in ihren Reliefs die Siege des Kaisers gegen die germanischen Stämme der Markomannen und Quaden 172/173 und die Sarmaten 174/185 am Schwarzen Meer. Wie die Trajanssäule erzählt auch dieses 42 m hohe Monument die Kriegsereignisse – jedem, der ein Fernglas dabei hat! Auf der Spitze der Ehrensäule wacht seit 1589 der Apostel Paulus, auch über den im Norden der Piazza gelegenen Palazzo Chigi, den Sitz des italienischen Ministerpräsidenten.

Piazza Colonna; Elektro-Bus 116, 117, 119, Bus 85

Piazza Navona 🏛 ⸺⟩ S. 113, E 12

Wer den Puls der Stadt fühlen möchte, den Herzschlag von Römern aller Altersgruppen und Touristen aus aller Welt, der sollte einen Sommerabend auf der Piazza Navona verbringen. Karikaturisten und Feuerschlucker, Pantomimen und Alleinunterhalter nutzen das anheimelnde Oval des Stadions, das Kaiser Domitian im 1. Jh. n. Chr. errichten ließ, für ihren Auftritt.

Inmitten der sanften Rot- und Ockertöne der Palazzi scheint der Obelisk über der **Fontana dei Fiumi**, dem Vierströme-Brunnen von Bernini, zu schweben. Auf dem Felsen sitzen die Personifizierungen des Nils, des Ganges, der Donau und des Río de la Plata, die die vier damals bekannten Erdteile, aber auch die vier Paradiesflüsse verkörpern. Roher Fels und belebte Figuren, eingeschlossen von dem perfekten Rund des Brunnens: genaue Planung und barocke Spielfreude – die Fontana zählt zu den Meisterwerken Berninis. Der Auftraggeber Papst Innocenz X. aus dem Hause der Pamphili ließ auch den

Die Kuppel des Pantheons ist mit über 43 Metern Durchmesser die gewaltigste, die je errichtet wurde.

Familienpalast sowie die Kirche **Sant' Agnese in Agone** rechts daneben erneuern. Ab 1653 schuf Borromini die konkave Fassade mit den beiden Campanilen und die dominante Kuppel der auch im Innenraum überaus reich ausgestatteten Kirche. Eine Legende erzählt, dass der Río de la Plata die Hand erhebt, um den Einsturz der gewagten Konstruktion von Borromini abzuwehren, während die Statue der Märtyrerin Agnes zu Füßen des rechten Campanile mit der Hand auf der Brust versichert, dass die Kirche nicht einstürzen wird. Die Fontana del Nettuno und die Fontana del Moro vervollständigen diese schönste Piazza Roms.

Piazza Navona;
www.santagneseinagone.org; Elektro-Bus 116, Bus 64, 81, 87; Sant' Agnese in Agone; Di–Sa 9–12, 16–20 Uhr, So/Fei 10–13, 16–20 Uhr

Piazza Pasquino ⇢ S. 113, E 12
Der dreieckige, eher unscheinbare Platz verdankt seinen Namen dem berühmten Pasquino, der an der Ecke des Palazzo Braschi steht. Diese inzwischen stark verwitterte römische Kopie einer griechischen Figurengruppe wurde 1501 hier aufgestellt und gehörte zu den »sprechenden Statuen« des päpstlichen Roms.

Die Römer brachten seit der Renaissance nachts an den Statuen Epigramme, Liedchen sowie satirische und ironische Kommentare gegen die Regierung oder bestimmte hochgestellte Personen an. So konnten sie ihre Meinungen verbreiten, ohne von der strengen päpstlichen Zensur erfasst zu werden.

Neben Pasquino »sprachen« auch die kolossale Büste der Madama Lucrezia (auf der Piazza San Marco), der Abt Luigi, eine römische Statue, die einem Mönch ähnelt (auf der Piazza Vidoni), der Facchino-Brunnen (in der Via del Corso 307, ein Wasserträger mit Fass aus dem 13. Jh.), die Fontana del Babuino, eine mythologische Figur, die aufgrund ihrer Hässlichkeit den Spitznamen »Babuino« – Pavian – erhielt (Via del Babuino, bei der Kirche Sant' Atanasio), sowie der Marforio, eine liegende römische Statue des Gottes Ozean.

Piazza Pasquino (westlich der Piazza Navona); Elektro-Bus 116, Bus 62, 64

Die Piazza Navona ist eines der schönsten Ensembles italienischer Stadtbaukunst. Im Süden wird sie von der prachtvollen Fontana del Moro beherrscht.

Piazza Navona – Piramide di Caio Cestio (Cestius-Pyramide) 57

Piazza del Popolo ⇢ S. 113, F 10
Seit dem Mittelalter kamen Besucher durch die Porta Flaminia der Mura Aureliane in die Ewige Stadt. Giuseppe Valadier schuf ab 1811 die »Empfangshalle«: Hinter der Porta begrenzen zwei Halbrunde mit Brunnen den neoklassizistischen Platz, der sich strahlenförmig in die Via di Ripetta, Via del Corso und Via del Babuino öffnet, vorbei an den barocken Zwillingskirchen Santa Maria dei Miracoli und Santa Maria in Montesanto. Den Blickfang in der Platzmitte bildet der um 1200 v. Chr. von Ramses II. errichtete Obelisco Flaminio, den Augustus einst nach Rom bringen ließ.
Piazza del Popolo; Metro Flaminio (c 2)

Piazza San Pietro (Petersplatz)
⇢ S. 112, C 11
Wie eine Umarmung der Mutter Kirche wirken die freistehenden Kolonnaden der Piazza für die Gläubigen aus aller Welt, die hier den Papst etwa am Ostersonntag beim Segen »Urbi et Orbi« zuhören. Seit 1656 befasste sich Bernini mit der Platzgestaltung, die zu den revolutionären architektonischen Meisterleistungen zu rechnen ist. Die vier Reihen dorischer Säulen und Pilaster umschließen das Oval der Piazza und geleiten die Gläubigen über die trapezförmige Piazza Retta zum Petersdom (→ S. 60). Steht man auf einer der runden Marmorplatten links und rechts vor den Brunnen, verschmelzen die vier Kolonnadenreihen scheinbar zu einer einzigen. 140 Heiligenstatuen blicken von den Balustraden auf das Geschehen herab. In der Mitte dominiert der Obelisco Vaticano, den Caligula 37 n. Chr. aus Alexandria nach Rom brachte und Sixtus V. 1586 auf der Piazza aufstellen ließ. Das Kreuz auf 41 m Höhe umschließt eine Reliquie des Kreuzes Christi und versinnbildlicht den Sieg des Christentums über das antike Heidentum.
Piazza San Pietro; Bus 62;
Metro Ottaviano-San Pietro (c 2)

Piazza Venezia ⇢ S. 114, A 16
Die Piazza bildet das geografische Herz der Stadt und einen ihrer wichtigsten Verkehrsknotenpunkte. Aus fünf Hauptstraßen wälzt sich der Verkehr über die Piazza. Sie gilt als einer der verkehrsreichsten Plätze der Welt. Den 130 x 75 m großen, stets von Autos und Bussen umtosten Platz beherrscht das strahlend weiße **Monumento a Vittorio Emanuele II** (→ S. 51), gerahmt wird sie vom **Palazzo di Venezia** (→ S. 54) und dem symmetrisch dazu 1911 angelegten Palazzo delle Assicurazioni Generali di Venezia.
Bus 60, 62, 64, 81, 87, Elektro-Bus 117

Pincio 👥 ⇢ S. 113, F 9
Leider hält sich das Vergnügen, auf der Viale D'Annunzio und der Viale Trinità dei Monti entlang der Passeggiata (Spazierweg) del Pincio zu flanieren, aufgrund des regen Verkehrs in Grenzen. Aber in den Gartenanlagen dahinter, die Giuseppe Valadier ab 1834 für die Öffentlichkeit schuf, lässt es sich ausgezeichnet lustwandeln. Traumhafte Ausblicke über die Stadt, vor allem am Abend, wenn Rom leuchtet, Kinderlachen und Geflüster von Liebespaaren erklingen: Der Pincio ist einer der schönsten Orte in Rom, um sich von der Stadt verzaubern zu lassen.
Zugang von der Piazza del Popolo oder der Piazza di Spagna; Metro Flaminio (c 2), Spagna (d 2)

Piramide di Caio Cestio (Cestius-Pyramide) ⇢ S. 118, A 24
Der im Jahre 12 v. Chr. verstorbene römische Praetor und Volkstribun Gaius Cestius Epulo ließ sich dieses originelle Grabmonument vor der Porta Ostiense errichten. Der mit weißem Marmor verkleidete Zementbau gehört zu den Wahrzeichen des antiken Roms, auch wenn seine 36 m Höhe nicht mit den Pyramiden Ägyptens konkurrieren können.
Piazzale Ostiense; Metro Piramide (c 3)

San Clemente ⇢ S. 118, C 21

Die Basilika zählt zu den interessantesten Kirchen Roms: Über einem antiken römischen Haus wurde schon vor 385 eine Kirche errichtet, auf der nach der Zerstörung durch die Normannen 1084 der heutige romanische Bau entstand. Man betritt die dreischiffige romanische Basilika an der linken Seite, nicht mehr über den stimmungsvollen Innenhof. Wie die barocke Fassade gehen auch die Stuckverzierungen, die Fresken und die Holzdecke auf die Umbauten des 18. Jh. zurück.

Original aus dem 12. Jh. präsentieren sich die herrlichen Cosmatenarbeiten des Fußbodens, die Kanzeln, der Osterleuchter, die Scuola Cantorum und das Altarziborium. Die Altarschranken stammen noch vom Vorgängerbau aus dem 6. Jh.

In dem feinen, auf Goldgrund gearbeiteten Apsismosaik, eine der besten Arbeiten des 12. Jh. in Rom, überziehen Akanthusranken die gesamte Fläche um das Kreuz, am Triumphbogen sieht man links unter den Heiligen Betlehem, rechts Jerusalem.

Im rechten Schiff steigt man in die Unterkirche hinab, die zahlreiche recht gut erhaltene Fresken des 8.–11. Jh. aufweist. Unter ihrer Apsis geht es noch weiter nach unten, in die römischen Bauten der Kaiserzeit.

Via di San Giovanni in Laterano/Piazza San Clemente; Elektro-Bus 117, Bus 85, Tram 3; Mo–Sa 9–12.30, 15–18, So, Fei 12–18 Uhr; Unterkirche und römische Gebäude: Eintritt von 13–26 Jahren 3,50 €, über 26 Jahre 5 €, bis 12 Jahre gratis

San Giovanni in Laterano
⇢ S. 119, E 22

»Mater et caput omnium ecclesiarum urbis et orbis« (Mutter und Haupt aller Kirchen der Stadt und des Erdkreises): So lautet die Inschrift an der monumentalen Fassade von 1735, die 15 kolossale Statuen krönen. Würde und Größe strahlt diese 313 von Kaiser Konstantin errichtete, älteste der vier Patriarchalbasiliken Roms (neben Petersdom, San Paolo fuori le mura und Santa Maria Maggiore) aus. Unter der Vorhalle öffnen die Bronzetüren der Curia das Mittelportal. Den festlichen, fünfschiffigen Innenraum gestaltete Borromini für das Heilige Jahr 1650 neu. An den Pilastern, mit denen er die Säulen der alten Basilika ummantelte, stehen in zwölf Nischen über 4 m hohe, gestenreiche Apostelfiguren.

Im linken Schiff liegt der Zugang zum wunderschönen Kreuzgang. Die Doppelsäulchen umschließen ein Idyll der Stille. Durch die Loggia delle Benedizioni vor dem rechten Querschiff tritt man hinaus auf die Piazza San Giovanni in Laterano mit dem **Obelisco Lateranense**, dem mit 31 m (mit Basis 47 m) höchsten und ältesten Obelisken Roms, der seit dem 15. Jh. v. Chr. vor dem Ammontempel im ägyptischen Theben stand. Unter Kaiser Konstantin II. kam er 357 nach Rom in den Circo Massimo, 1587 wurde er hier aufgestellt. An der Piazza liegt der Zugang zum **Battistero Lateranense**, dem achteckigen Taufhaus. Der vielfach veränderte Bau aus der Zeit Kaiser Konstantins, der noch schöne Mosaiken aus dem 5. und 7. Jh. besitzt, diente als Modell für unzählige Taufhäuser der Christenheit.

Piazza di Porta San Giovanni/Piazza San Giovanni in Laterano; Metro S. Giovanni (d 3); Elektro-Bus 117, Bus 85; tgl. 7–19 Uhr, Kreuzgang: tgl. 9–17.45 Uhr; Eintritt 2 €, Jugendl. 13–18 Jahre, Senioren über 65 1 €, Kinder bis 12 Jahre gratis

San Lorenzo fuori le mura
⇢ S. 115, östl. F 15

Kaiser Konstantin errichtete 330 eine erste Kultstätte über den Reliquien des Heiligen Laurentius, der 258 auf einem glühenden Rost den Märtyrertod starb. Die heutige Basilika vereint allerdings zwei Kirchen, einen Neubau des 13. Jh. und ein älteres Gotteshaus aus dem 6. Jh. Die Fresken der eleganten Vorhalle zeigen rechts vom Eingang Szenen aus dem Leben des Laurentius und links aus dem Leben des hl. Stefan.

Den dreischiffigen Innenraum ließ Honorius III. (1216–27) errichten, das erhöhte Presbyterium setzte er in die von Papst Pelagius II. im 6. Jh. erbaute, ursprünglich selbstständige Kirche. Die mächtigen Säulen, die einen herrlichen Architrav des 4. Jh. tragen, trennten einst die Seitenschiffe der alten Kirche. Hervorragende Cosmatenarbeiten und das älteste Ziborium Roms (1148) gehören wie das Mosaik des Triumphbogens (6. Jh.) zu den herausragenden Kunstwerken der Basilika. Über die Sakristei erreicht man den Kreuzgang, der wie der romanische Campanile aus dem 12. Jh. stammt. Neben der Kirche liegt der Friedhof Campo Verano.

Piazzale San Lorenzo; Tram 3, 19, Bus 71, 492

San Luigi dei Francesi
⤳ S. 113, F 11

Die 1478 von den Franzosen Roms erworbene Kirche wurde im 16. Jh. im Stil der Hochrenaissance umgebaut. Im dreischiffigen, klar gegliederten Innenraum finden sich neben den Grabdenkmälern berühmter Franzosen, wie des Malers Claude Lorrain, in der Cappella Contarelli (5. links) drei absolute Meisterwerke Caravaggios, gemalt von 1597–1602. In den Gemälden »Matthäus und der Engel«, »Berufung des Matthäus« und »Martyrium des Matthäus«, seinem ersten Großauftrag für den Kardinal Mathieu (Matthäus) Cointrels, überzeugt der Künstler durch eine neue Anwendung des Lichts. Caravaggio lässt die Züge der Menschen und ihre Gewänder aufleuchten und setzt das Geschehen realitätsnah in die eigene Zeit. Den Unterschied zur traditionellen Malerei zeigen die fast zur gleichen Zeit entstandenen (1616–17) Fresken von Domenichino in der Kapelle der hl. Cäcilia (2. rechts).

Piazza San Luigi dei Francesi; Bus 81, 87, Elektro-Bus 116; 10–12.30, 14.30–19 Uhr, Do nachmittag geschl.

San Paolo fuori le mura
⤳ S. 117, südl. F 20

67 n. Chr. wurde der Apostel Paulus in Rom enthauptet, und noch im 1. Jh. entstand über seinem Begräbnisort

Im Inneren der Lateransbasilika zieht der Hauptaltar alle Blicke auf sich. Darüber erhebt sich ein Ziborium, das die Häupter der Apostel Petrus und Paulus birgt.

an der Via Ostiense eine Kultstätte, die Kaiser Konstantin in eine kleine Basilika umwandelte. Einen den heutigen Dimensionen entsprechenden Neubau weihte Papst Siricus bereits 390 ein. Diese nach dem Petersdom zweitgrößte Kirche der Stadt (132 m lang, 65 m breit, 30 m hoch), die im Laufe der Jahrhunderte mit unzähligen Kunstwerken ausgestattet wurde, zerstörte im Juli 1823 ein verheerender Brand. 1854 konnte unter Pius IX. die weitgehend originalgetreue Rekonstruktion eingeweiht werden. 80 mächtige Granitsäulen rahmen das Mittelschiff, das mit den Seitenschiffen in einem Fries die Mosaikporträts aller Päpste von Petrus bis Johannes Paul II. zeigt.

Einige herausragende Kunstwerke überlebten den Brand: der Mosaikschmuck des Triumphbogens, das berühmte gotische Ziborium von Arnolfo di Cambio (1285), der reich verzierte, mit 5 m höchste Osterleuchter der Stadt und das große Apsismosaik aus der Zeit Papst Honorius III. (1216–27). Über das rechte Querschiff erreicht man den reich ausgeschmückten Kreuzgang.

Via Ostiense/Piazzale di San Paolo;
Metro Basilica San Paolo (c 3)

**San Pietro in Vaticano
(Petersdom)** ·····> S. 112, B 11
Die wichtigste Kirche der Christenheit (mit Portikus 219 m lang, Querschiff 155 m, Fassade 47 m und Kuppel bis zum Kreuz 137 m hoch) erhebt sich über dem Grab des Apostels Petrus. Bereits Kaiser Konstantin ließ 320 eine Basilika über seiner letzten Ruhestätte errichten, die 349 vollendet war. Nach über 1000 Jahren begann die alte Peterskirche baufällig zu werden, so dass Papst Julius II. sich nach mehreren Reparaturversuchen seiner Vorgänger zu einem Neubau entschloss. 1506 begann Bramante mit dem Abriss des alten Doms. Er wollte »das Pantheon auf die Konstantinsbasilika« setzen, also auf ein griechisches Kreuz eine große Kuppel. Seine Nachfolger, unter anderen Raffael, entschlossen sich für ein lateinisches Kreuz. Michelangelo kehrte 1546 zur Idee Bramantes zurück und begann die großartige Kuppel, die Giacomo Della Porta (ab 1572) und Domenico Fontana (ab 1585) nach seinen Plänen fertigstellten. Diese entspricht in ihren Ausmaßen in etwa dem Pantheon und sollte erhaben über dem Unterbau schweben. Diese einzigartige Wirkung ging teilweise verloren, als Paul V. erneut ein lateinisches Kreuz wollte, da der neue Petersdom mindestens so groß sein sollte wie die alte Kirche Konstantins. Carlo Maderno verlängerte daher den Bau um drei Kapellen und setzte ihm bis 1614 die breite Barockfassade vor.

Unter dem Portikus empfangen den Besucher rechts die Reiterstatue Kaiser Konstantins, des ersten christlichen Kaisers (von Bernini), und links die Karls des Großen, des ersten am Weihnachtstag 800 im Petersdom gekrönten Kaisers des Sacrum Imperium Romanum. Bereits die Eingangsportale geben eine Vorahnung auf die ungewöhnlich reiche Ausstattung des Doms: Das mittlere schuf Filarete 1439–45 im Auftrag Eugens IV. noch für die alte Peterskirche, das äußerste rechte ist die Porta Santa, die nur in einem Heiligen Jahr geöffnet wird, das nächste Mal also im Jahr 2025, das äußerste linke, das Portal des Todes, erarbeitete Giacomo Manzù im Auftrag Johannes XXIII. zum zweiten Vatikanischen Konzil. Der majestätische Innenraum wirkt trotz seiner riesigen Dimensionen nicht erschlagend. Dies liegt an den überproportional großen Figuren, die so dem Ganzen einen harmonischen Gesamteindruck verleihen. Die meisten Engel sind weit über 2 m hoch! Im Fußboden des Mittelschiffs zeigen die Namen der größten Kirchen der Welt, wo ihre Kirchenschiffe im Vergleich zum Petersdom enden.

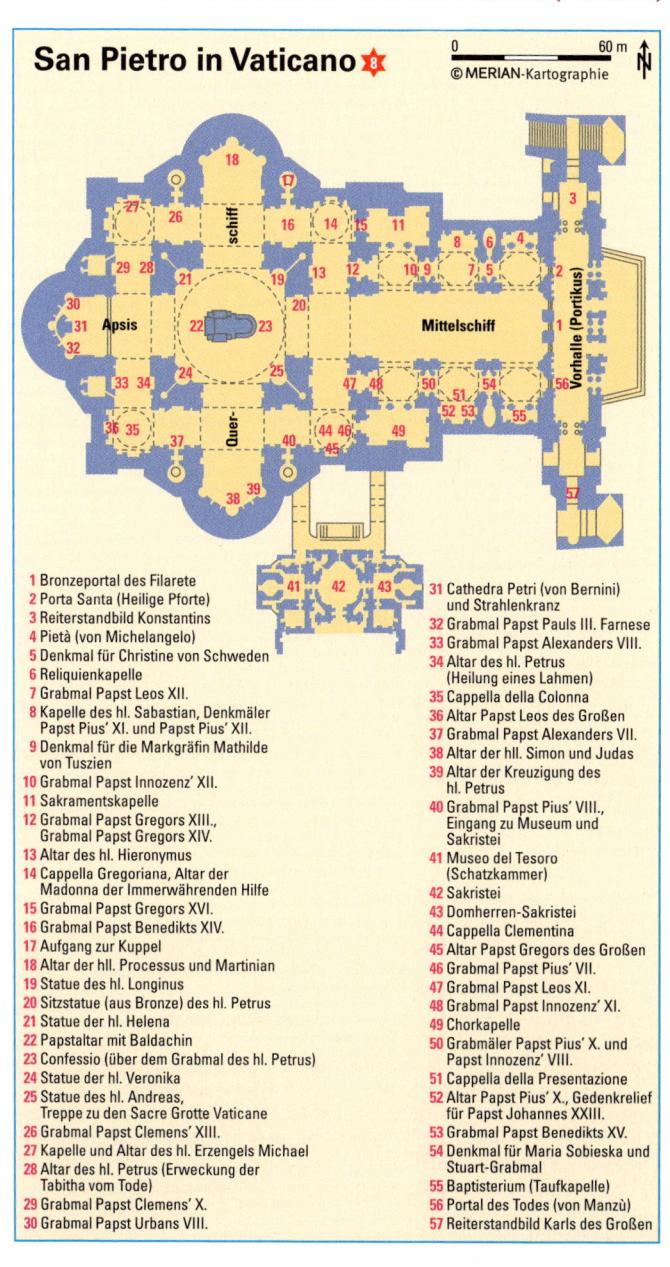

San Polo fuori le mura – San Pietro in Vaticano (Petersdom) 61

San Pietro in Vaticano

1 Bronzeportal des Filarete
2 Porta Santa (Heilige Pforte)
3 Reiterstandbild Konstantins
4 Pietà (von Michelangelo)
5 Denkmal für Christine von Schweden
6 Reliquienkapelle
7 Grabmal Papst Leos XII.
8 Kapelle des hl. Sabastian, Denkmäler Papst Pius' XI. und Papst Pius' XII.
9 Denkmal für die Markgräfin Mathilde von Tuszien
10 Grabmal Papst Innozenz' XII.
11 Sakramentskapelle
12 Grabmal Papst Gregors XIII., Grabmal Papst Gregors XIV.
13 Altar des hl. Hieronymus
14 Cappella Gregoriana, Altar der Madonna der Immerwährenden Hilfe
15 Grabmal Papst Gregors XVI.
16 Grabmal Papst Benedikts XIV.
17 Aufgang zur Kuppel
18 Altar der hll. Processus und Martinian
19 Statue des hl. Longinus
20 Sitzstatue (aus Bronze) des hl. Petrus
21 Statue der hl. Helena
22 Papstaltar mit Baldachin
23 Confessio (über dem Grabmal des hl. Petrus)
24 Statue der hl. Veronika
25 Statue des hl. Andreas, Treppe zu den Sacre Grotte Vaticane
26 Grabmal Papst Clemens' XIII.
27 Kapelle und Altar des hl. Erzengels Michael
28 Altar des hl. Petrus (Erweckung der Tabitha vom Tode)
29 Grabmal Papst Clemens' X.
30 Grabmal Papst Urbans VIII.
31 Cathedra Petri (von Bernini) und Strahlenkranz
32 Grabmal Papst Pauls III. Farnese
33 Grabmal Papst Alexanders VIII.
34 Altar des hl. Petrus (Heilung eines Lahmen)
35 Cappella della Colonna
36 Altar Papst Leos des Großen
37 Grabmal Papst Alexanders VII.
38 Altar der hll. Simon und Judas
39 Altar der Kreuzigung des hl. Petrus
40 Grabmal Papst Pius' VIII., Eingang zu Museum und Sakristei
41 Museo del Tesoro (Schatzkammer)
42 Sakristei
43 Domherren-Sakristei
44 Cappella Clementina
45 Altar Papst Gregors des Großen
46 Grabmal Papst Pius' VII.
47 Grabmal Papst Leos XI.
48 Grabmal Papst Innozenz' XI.
49 Chorkapelle
50 Grabmäler Papst Pius' X. und Papst Innozenz' VIII.
51 Cappella della Presentazione
52 Altar Papst Pius' X., Gedenkrelief für Papst Johannes XXIII.
53 Grabmal Papst Benedikts XV.
54 Denkmal für Maria Sobieska und Stuart-Grabmal
55 Baptisterium (Taufkapelle)
56 Portal des Todes (von Manzù)
57 Reiterstandbild Karls des Großen

Aus den unzähligen außergewöhnlichen Kunstschätzen seien nur einige herausgehoben. Gleich rechts steht – seit einem Anschlag auf die Nase der Gottesmutter Maria hinter Glas – die **Pietà** von Michelangelo, die er mit nur 23 Jahren 1498–99 skulpierte und deren Stein er selbst in Carrara ausgesucht hatte.

Am vorderen rechten Pfeiler der Kuppel sitzt der **Bronze-Petrus** von Arnolfo di Cambio, dessen Fuß seine Verehrer fast »weggeküsst« haben. Vier gedrehte Säulen aus Goldbronze tragen den mächtigen **Baldachin**, den Bernini bis 1633 über dem Hauptaltar errichtete. Er versinnbildlicht die Baldachine, die über den Päpsten auf all ihren Wegen getragen werden. Unter dem Hauptaltar erleuchten 99 Ewige Lichter die Confessio, den Ort des Apostelgrabes. Zwei weitere herausragende Arbeiten Berninis zieren die Apsis: ein Rausch aus Gold umgibt die festliche **Cathedra Petri** und den mit Engeln und Putten bevölkerten **Strahlenkranz** um das Symbol des Heiligen Geistes, die Taube im Fensteroval.

Zu den großartigen Meisterwerken der Kirche zählen auch die **Papstgrabmäler**, die jedes für sich einen genauen Blick verdienen. Nur so wird man die schönen Frauen am Grab Pauls III. Farnese (links in der Apsis) oder die einzige Arbeit eines Protestanten in der Kirche, das kühle Grab Pius' VII. von dem Dänen Bertel Thorvaldsen (links vom Zugang zur Sakristei), entdecken. Über die Sakristei, die man im linken Seitenschiff unter dem Grab Pius' VIII. betritt, gelangt man in die sehenswerte Schatzkammer (**Tesoro**). Unter der Kirche lohnen die **Sacre Grotte Vaticane** und die **Tomba di San Pietro** (→ S. 66) einen Besuch. Der Aufstieg (142 Stufen) bzw. Lift zur **Kuppel**, die einen fantastischen Blick auf Rom und bei klarer Sicht bis zu den Albaner und Sabiner Bergen gewährt, liegt an der rechten Seite der Basilika.

Piazza San Pietro; Bus 62; Metro Ottaviano-San Pietro (c 2); Petersdom: tgl. 7–19 Uhr; Tesoro: April–Sept. 9–18, Okt.–März 9–17 Uhr; Eintritt 6 € Kuppel: April–Sept. 8–17.45, Okt.–März 8–16.45 Uhr; Eintritt 4 €, mit Lift 7 €

San Pietro in Vincoli ⋯› S. 114, C 16

Die Ketten (»vincoli«) des Apostels Petrus und die Marmorskulptur des Moses von Michelangelo ziehen Gläubige und Kunstpilger gleichermaßen in diese bereits 439 geweihte, oftmals umgebaute Kirche. Hinter dem fünfbogigen Portikus verbirgt sich ein dreischiffiger Innenraum, den 20 schöne antike Marmorsäulen dorischer Ordnung prägen. Unter dem Hauptaltar liegen die Ketten, die Petrus in Jerusalem und in Rom banden und die in den Händen Papst Leos I. (440–461) auf wundersame Weise verschmolzen.

Im rechten Schiff stehen die wenigen ausgeführten Teile des Grabmals für Papst Julius II., das monumental mit 40 Statuen im Petersdom prunken sollte. Der Moses, die einzige von Michelangelo selbst fertig gestellte Skulptur, gehört zu den bedeutendsten bildhauerischen Werken der Welt. Diese kraftvolle Figur wird in dem Augenblick gefasst, als Moses vom Berg Sinai mit den Gesetzestafeln zurückkehrt und voller Zorn sein Volk um das goldene Kalb tanzen sieht.

Piazza San Pietro in Vincoli; Metro Cavour o. Colosseo (d 3); tgl. 8–12.30, 15–18, im Sommer bis 19 Uhr

Santa Maria in Cosmedin
⋯› S. 118, A 21

Hoch ragt der schöne romanische Glockenturm der Kirche an der Piazza della Bocca della Verità in den Himmel. Bereits im 6. Jh. über antiken Gebäuden gegründet, wurde der im 8. Jh. erweiterte Bau den Griechen Roms übergeben. Bis heute wird hier nach griechischem Ritus die Messe gelesen. Durch den harmonische Portikus mit

San Pietro in Vaticano (Petersdom) – Santa Maria Maggiore

der Bocca della Verità (→ S. 55) gelangt man in den dreischiffigen Innenraum, den eine feierliche, reiche Marmorausstattung schmückt, die im Beinamen »Cosmedin«, vom griechischen Wort für »Schmuck«, nachklingt. Besondere Aufmerksamkeit verdienen die Schola Cantorum, die beiden Kanzeln, der Osterleuchter, die Altarschranken, Ziborium und Bischofsthron sowie der herrliche Cosmatenfußboden.

Piazza della Bocca della Verità;
Bus 23, 81, 170, 280; tgl. 9.30–17.50, im Winter 9–16.50 Uhr

Santa Maria in Domnica
→ MERIAN-Tipp, S. 43

Santa Maria Maggiore
⸺▶ S. 115, D 16

Der Legende nach erschien Papst Liberius im Jahre 352 im Traum die Jungfrau Maria. Sie gebot ihm, an dem Platz eine Kirche zu errichten, an dem es am nächsten Tag, dem 5. August (!), schneien würde. Noch immer »schneit« es an diesem Festtag Blütenblätter vom Kirchendach zur Erinnerung an den tatsächlich gefallenen Schnee. Die heutige Basilika erbaute Papst Sixtus III. (432–440) nach dem Konzil von Ephesos 431, das Maria als »Gottesgebärerin« anerkannte. Der mit 75 m höchste Campanile Roms überragt eine der beschwingtesten Rokokofassaden der Welt, die Ferdinando Fuga 1741–43 der Basilika vorsetzte. Hinter der Loggia im ersten Stock blieben an der ursprünglichen Fassade die Mosaiken von Jacopo Rusuti (Ende 13. Jh.) erhalten.

Der feierliche dreischiffige Innenraum kommt von allen Kirchen Roms dem frühchristlichen Aussehen am nächsten. 40 Säulen mit ionischen Kapitellen tragen direkt einen Architrav, den ein Mosaikfries des 5. Jh. schmückt. Der feine Cosmatenfußboden und die herrliche vergoldete Kassettendecke mit dem Stierwappen Alexanders VI. Borgia (1492–1503) rahmen das 85 m lange Schiff würdevoll ein. Über dem Architrav erzählen 36 sehr farbige und reich bevölkerte Mosaikbilder, die zu den besten Zeugnissen der Spätantike zählen, Geschichten des Alten Testaments (Die Mitnahme eines Fernglasesist sehr nützlich). Das gleichzeitig entstandene Mosaik des Triumphbogens zeigt Szenen aus der Jugend Christi. Nicht

Der junge Michelangelo schuf die Pietà, Maria mit dem Leichnam Christi. Sie ist heute nach einem Zerstörungsversuch im Petersdom hinter Glas zu bewundern.

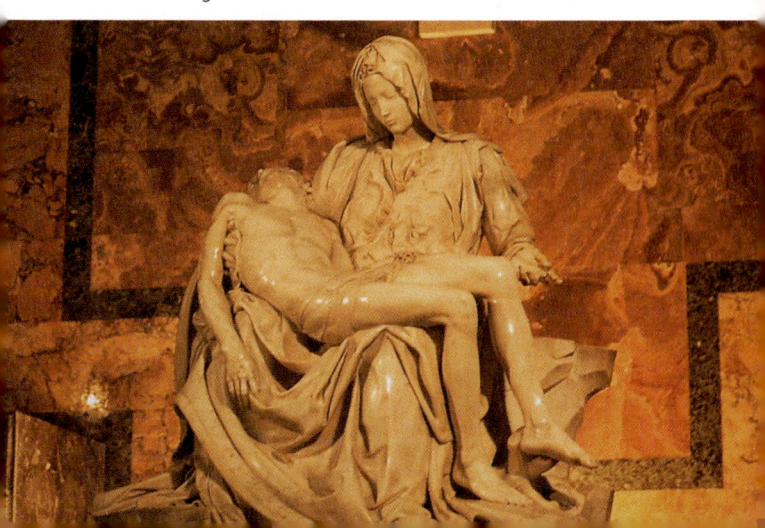

MERIAN-Tipp

⑥ Mausoleo di Santa Costanza

Im Garten der Kirche Sant'Agnese fuori le mura liegt das **Mausoleo di Santa Costanza**, das zu Beginn des 4. Jh. für Costanza und Elena, Töchter Kaiser Konstantins, errichtet wurde. Es besitzt in seinem runden Umgang die schönsten spätantiken Mosaiken Roms, deren naturgetreue Tierdarstellungen den Ausflug »vor die Tore« Roms lohnen.

Via Nomentana 349 bzw. Via Sant' Agnese 3; Bus 36, 60, 90; Mo–Sa 9–12, 16–18 Uhr, So, Fei geschl.; gratis
⇢ S. 111, nordöstl. F 8

---

zuletzt die beiden Barockkapellen, die fast etwas überladen wirkende linke Cappella Paolina (1605–11) und die harmonischere Cappella Sistina (1584–87) rechts, verdienen in dieser überreich ausgestatteten Basilika einen Blick.

Piazza Santa Maria Maggiore; Bus 70, 71; tgl. 7–19 Uhr; Loggia delle Benedizioni mit Mosaiken: nach Anmeldung Tel. 06 48 30 58; tgl. 9 und 13 Uhr; Eintritt 3 €; Museo della Basilica: tgl. 9–18 Uhr; Eintritt 4 €

Santa Maria del Popolo
⇢ S. 113, F 9

Eine erste Kirche entstand mit den Geldern des Volkes (»popolo«, daher der Name) als Dank für die Eroberung Jerusalems im ersten Kreuzzug 1099. Der heutige Renaissancebau wurde in der Zeit Sixtus IV. (1472–77) errichtet und überrascht mit herausragenden Kunstwerken.

Die Apsis schuf Bramante, ihre Fresken und die der ersten Kapelle rechts stammen von Pinturricchio, die zweite Kapelle rechts glänzt in der barocken Marmorpracht eines Carlo Fontana, die gegenüberliegende Kuppelkapelle entstand nach Entwürfen Raffaels. Zwei der großartigsten Gemälde Caravaggios, »Bekehrung des Paulus« und »Kreuzigung des Petrus«, zeigen seinen neuen Realismus. Die barocken Engel Berninis scheinen einen guten Rastplatz gefunden zu haben, um die Kunst rundherum zu bewundern.

Piazza del Popolo; Metro Flaminio (c 2)

Santa Maria della Vittoria
⇢ S. 114, C 15

Hinter der Barockfassade versteckt sich eine der prachtvollsten Ausstattungen römischer Kirchen. Carlo Maderno errichtete in den Jahren 1608 bis 1620 den Bau, in dem eine Orgie aus Stuck, Marmor und Malerei gefeiert wird. Eines der Hauptwerke Berninis wartet in der Cappella Cornaro (1645–52): die »Verzückung der hl. Theresa von Avila«. Die mystische Entrückung der Heiligen und das zweideutige Lächeln des Engels werden auf einer Bühne präsentiert.

Via XX Settembre/Largo Santa Susanna; Metro Repubblica (d 2)

Santa Maria in Trastevere
⇢ S. 117, E 17

Diese älteste Marienkirche Roms ließ Papst Julius I. (337–352) errichten. Der barocke Portikus mit den Papststatuen baute Carlo Fontana 1702, der romanische Campanile und das Mosaik mit der thronenden Madonna, den Stiftern und den Frauenfiguren stammen aus Umbauten des 12./13. Jh. Die heutige Kirche gehört nach dem Neubauten unter Papst Innozenz II. (ab 1138) zu den schönsten romanischen Gotteshäusern der Stadt und knüpft an die Antike an: Portalrahmungen aus der römischen Kaiserzeit, 22 mächtige antike Granitsäulen gliedern den dreischiffigen Innenraum. Auf Fensterhöhe begeistern in der Apsis die herrlichen Mosaiken von Pietro Cavallini (1291) mit farbigen Szenen aus dem Leben Marias.

Piazza di Santa Maria in Trastevere; Bus 23, 280, 125, Tram 8

Santa Prassede ⤳ S. 114, C 16

Eine der Schwester der hl. Pudenzia (→ Santa Pudenziana, S. 65), Praxedis, gewidmete frühchristliche Kirche ließ Papst Paschalis I. (817–824) neu errichten. Zu den herausragenden Kunstwerken der Basilika zählen die zeitgleichen Mosaike. Sie zeigen über dem Triumphbogen das himmlische Jerusalem, in der Apsis den segnenden Christus. Links führt ihm der Apostel Paulus die hl. Praxedis und Papst Pasqualis mit dem Kirchenmodell zu, rechts der Apostel Petrus die hl. Pudenzia und den hl. Zeno. Auf dem Apsisbogen wurden Szenen der Offenbarung des Johannes dargestellt. Ein Schatzkästchen, das wichtigste byzantinische Monument in Rom, wartet im rechten Schiff: Die kleine **Cappella San Zenone** mit sehr farbenfrohen Mosaiken ließ Papst Paschalis I. als Mausoleum für seine Mutter Theodora errichten.

Via Santa Prassede; Metro Termini (d 2), Bus 70, 71

Santa Pudenziana ⤳ S. 114, C 16

Der Legende nach wohnte der Apostel Petrus bei seinem Romaufenthalt im Haus des Senators Pudens und taufte ihn sowie seine beiden Töchter Pudenzia und Praxedis (→ Santa Prassede, S. 65). Pudenzia errichtete gemäß der Tradition eine erste Kultstätte innerhalb ihres Vaterhauses. Die heutige Kirche entstand unter Papst Siricus (384–399). Aus dieser Zeit stammt auch das Apsismosaik, die älteste erhaltene figürliche Darstellung in einem Gotteshaus.

Via Urbana 160; Metro Cavour (d 3), Bus 70, 71

Sant' Agnese fuori le mura
⤳ S. 111, nordöstl. F 8

Über dem Grabmal der hl. Agnes errichtete Costanza, die Tochter Kaiser Konstantins, 342 eine erste Kirche. Bis heute gilt die unter Papst Honorius I. (625–638) erneuerte dreischiffige Basilika als ein Musterbeispiel frühchristlichen Kirchenbaus. In dem hohen Mittelschiff bezeugen die Matronei (Loggien) über den unteren Arkaden und das hervorragende Apsismosaik (Agnes zwischen Papst Symmachus und Papst Honorius mit dem Kirchenmodell) byzantinische Kunsteinflüsse in Rom. Im Vorraum links liegt der Zugang zu den **Catacombe di Sant' Agnese** (→ S. 42).

Via Nomentana 349 bzw. Via Sant' Agnese 3; Bus 36, 60, 90; So, Fei, Mo geschl.

Sant' Agostino ⤳ S. 113, E/F 11

Hinter einer unauffälligen Fassade verbirgt die von Vanvitelli 1756–61 umgebaute Renaissancekirche eines der schönsten Bilder von Caravaggio (1. Kapelle links). Fast zart wirkt die »Madonna dei Pellegrini«, ein Bild, das aufgrund des Realismus der schmutzigen Füße des Pilgers im Rom des 17. Jh. Anstoß erregte. Nicht über-

MERIAN-Tipp
⭐ 7 Sant' Ignazio

Nach der Heiligsprechung des Gründers des Jesuitenordens Ignatius von Loyola im Jahre 1622 errichteten ihm die Jesuiten ab 1626 diesen neben Il Gesù zweiten großen Barockbau des Ordens in Rom.

Wie ein Theaterraum wirkt die Piazza Sant' Ignazio vor der an Il Gesù orientierten Fassade, wie ein himmlischer Raum das Innere der Kirche. Das Fresko zeigt scheinbar riesige Säulen (in Wirklichkeit nur wenige Zentimeter lang), die die Architektur nach oben öffnen: Wenn man sich von der Marmorscheibe in der Mitte entfernt, bricht die grandiose Welt zusammen. Andrea Pozzo malte das illusionistische Meisterwerk, das die Erfolge der Jesuiten verherrlicht, ebenso wie die spektakuläre Kuppel.

Piazza Sant'Ignazio; tgl. 7.30–12.15, 15–19.15 Uhr, Elektro-Bus 116, 117, 119, Bus 62   ⤳ S. 113, F 12

sehen sollte man auch den Hochaltar von Bernini, den Propheten Isaias von Raffael am dritten Pilaster sowie die von vielen verehrte Madonna del Parto gleich rechts von Jacopo Sansovino (1521). Kinderlose Paare hoffen auf »Bambini«; schwangere Mütter beten hier für gesunden Nachwuchs.
Piazza Sant' Agostino; Elektro-Bus 116

Sant' Andrea al Quirinale
···> S. 114, B 15

Bereits als 60-Jähriger schuf Bernini ab 1658 einen seiner schönsten Barockräume. Zehn runde Treppenstufen unter einem runden Architrav vor einem Rundbogen, der von mächtigen Pilastern, breitem Gebälk und einem dreieckigen Giebel gerahmt wird: Dieses perfekte, klassisch anmutende Spiel mit geometrischen Formen findet im Innenraum seine Fortsetzung. Ein Queroval mit vier Seitenkapellen, einem Eingangsraum und einer durch Säulen betonten Altarnische – der raffinierte Grundriss in der mit Gold und Stuck verzierten Kirche zeigt den Hochbarock auf seinem absoluten Höhepunkt.
Via del Quirinale; Elektro-Bus 117, Bus 71; tgl. 8.30–12, 15.30–19 Uhr

Scalinata della Trinità dei Monti (Spanische Treppe)
···> S. 114, A 14

Anstelle von baumumstandenen Wegen führt seit 1726 die berühmteste Treppe Roms von der Piazza di Spagna hinauf auf den Pincio. Die Zwillingstürme der Kirche **Trinità dei Monti** und das von Pietro Bernini unter Mithilfe des Sohnes Gian Lorenzo 1629 entworfene, halb versunkene Schiff der **Fontana della Barcaccia** bilden die markanten Endpunkte für die monumentale Treppenanlage von Francesco De Sanctis. Auf den schwungvollen Rampen trifft »man« sich in Rom: Künstler, Rucksacktouristen, Pilger, Reisegruppen und natürlich Römer.
Piazza di Spagna; Metro Spagna (d 2)

Stanze di Raffaello
→ S. 81

Terme di Caracalla (Caracalla-Thermen)
···> S. 118, B 23

Man muss sich die riesige Anlage (330 m x 330 m) wie einen Freizeitpark vorstellen. Hier konnte man Kalt-, Warm- und Schwitzbäder nehmen, Sport treiben, in der Bibliothek lesen, einem Vortrag lauschen, im Mithräum seinem Gott huldigen, auch einkaufen. Bis zu 1600 Personen konnten sich hier gleichzeitig vergnügen, in einem Ambiente, das mit kostbarstem Marmor, Mosaiken, Reliefs und Statuen prunkvoll ausgestattet war.

Caracalla begann 212 den Bau der Thermen, die bis 537 in Betrieb waren. Damals zerstörten die Goten das Antonianische Aquädukt, das die Zisternen füllte.
Viale delle Terme di Caracalla 52; Metro Circo Massimo (c 3), Tram 3, Bus 118, 628; Mo 9–14, Di–So 9–16.30, im Sommer bis 19.15 Uhr (Zutritt bis 1 Std. vorher); Eintritt 6 €, für Bürger der EU unter 18 und über 65 Jahren gratis, zwischen 18 und 25 Jahren 3 €; Eintritt gilt auch für Villa dei Quintili und Tomba di Cecilia Metella (→ S. 91), Archeocard mit Colosseo u. a. (→ S. 44)

Testaccio
···> S. 117, F 20

Ein Schuttabladeplatz der Antike: Millionen von Amphoren, das Transportmaterial des Altertums, fanden hier ihre letzte Ruhestätte, nachdem sie vorher am Tiberhafen entladen worden waren.
Metro Piramide (b 3), Tram 3, Bus 23, 170

Tomba di San Pietro e necropoli precostantiniana (Petrusgrab und vorkonstantinische Totenstadt)
···> S. 112, B 11

Die ursprüngliche Begräbnisstätte des Apostels Petrus liegt am Westende einer vom 1.–4. Jh. n. Chr. vorwiegend von Heiden genutzten Totenstadt, über der der Petersdom errichtet wurde. Entlang eines Weges

Sant' Agostino – Villa Borghese

Im 3. Jahrhundert n. Chr. wurden die Caracalla-Thermen erbaut, einst ein Bade-, Sport- und Kulturzentrum, heute ein archäologischer Park.

reihen sich mit Stuck und Fresken geschmückte Mausoleen, das eigentliche Petrusgrab befindet sich an einem kleinen Platz unterhalb des Altars der **Sacre Grotte Vaticane**. Besichtigung nur nach Anmeldung und ab 15 Jahren beim Ufficio Scavi della Fabbrica di San Pietro, Arco delle Campane (am linken Ende der Vorhalle des Petersdoms); Tel. 06 69 88 53 18, Fax 06 69 87 30 17; E-Mail scavi@fsp.va; Mo–Sa 9–17 Uhr; auch deutsche Führungen; Eintritt 10 €

Via Giulia ┄┄> S. 113, D/E 12
Die erste gerade verlaufende Straße Roms legte Bramante im 16. Jh. zusammen mit der parallelen **Via della Lungara** für Papst Julius II. an. Auf der autofreien Straße kommt man an Barockkirchen und Palazzi vorbei. Von der Nationalkirche der Florentiner in Rom, San Giovanni dei Fiorentini, über die Kirche San Biagio della Pagnotta mit armenischem Ritus gelangt man zu den von Papst Innocenz X. ab 1652 errichteten Carceri Nuove (neue Gefängnisse, Nr. 52), die anstelle des von Papst Julius II. geplanten Tribunals entstanden. Ein paar alte Gebäude mussten in faschistischer Zeit dem Gymnasium »Virgilio« weichen, dahinter liegt die Nationalkirche der Neapolitaner, Spirito Santo dei Napoletani. Gleich in der Nähe, in der kleinen Via di Sant' Eligio, findet sich die nach Plänen Raffaels erbaute Kirche der Goldschmiede, Sant'Eligio degli Orefici. Am Ende der Via Giulia erreicht man schließlich die Fontana del Mascherone.
Via Giulia; Elektro-Bus 116, Bus 64

Via (Vittorio) Veneto ┄┄> S. 114, B 14
In Federico Fellinis berühmtem Film »La dolce vita« spielte sich das von den Paparazzi abgelichtete Nachtleben Roms tatsächlich noch auf der Via Veneto ab. Heute sucht man auf dieser Straße vergebens das Flair der Fünfzigerjahre.
Metro Barberini (d 2); Elektro-Bus 116, 119

Villa Borghese ┄┄> S. 114, B 13
Der einstige Familiengarten der Borghese zählt zu den beliebtesten Parks Roms: große Kunst in der Galleria Borghese (→ S. 74), eine Ruderbootfahrt auf dem kleinen See, eine Parade auf dem Reitplatz Piazza di Siena oder ein Besuch im Zoo (→ S. 35).
Tram 3, 19, Bus 910; Elektro-Bus 116

Museen und Galerien

In Rom wird in unzähligen Museen und Galerien jahrtausendealte Geschichte lebendig.

Die umfangreichste Museumsanlage der Welt: die Musei Vaticani – Vatikanischen Museen (→ S. 77) – mit ihren 14 verschiedenen Sammlungen.

Antiquario Comunale – Centrale Elettrica Montemartini – Art Center Acea

Großartige Gemäldegalerien und herausragende Antikensammlungen, die auch im Winter nach 14 Uhr besichtigt werden können, Abendöffnungen der bedeutendsten Museen im Sommer: die Erfolge der bis 2001 und erneut ab 2006 amtierenden Mitte-Links-Regierung schafften in Italien das, was für viele Länder bereits Selbstverständlichkeit ist. Diesen Service bezahlt man mit Eintrittspreisen, die im Durchschnitt bei 6,50 € liegen. Bei Ausstellungen in den Museen erhöhen sie sich in der Regel um mindestens 2–3 €. Günstig sind Kombikarten für mehrere Museen oder Sehenswürdigkeiten (→ S. 66, Terme di Caracalla; → S. 44, Colosseo). Ermäßigung gewährt auch der Romapass (www.romapass.it); zwei Museen gratis, Ermäßigung in 40 anderen, freie Busfahrt; Preis 20 €, gültig 3 Tage). Bürger der EU unter 18 und über 65 Jahren können staatliche und kommunale Museen gratis genießen, zwischen 18 und 25 Jahren bieten staatliche Museen eine Reduzierung, meist 50 %, von 18 bis 24 Jahren gibt es in den kommunalen Museen Ermäßigung. Freien Eintritt hat man in den Musei Vaticani an jedem letzten Sonntag im Monat. Übrigens: Öffnungszeiten ändern sich rasch, und häufig sind nicht alle Räume eines Museums zu sehen.

Römische Museen im Internet:
www.galleriaborghese.it;
www.romabeniculturali.it;
www.ticketeria.it, www.pierreci.it (beide auch für Reservierungen);
www.comune.roma.it/monumentiantichi;
http://archeoroma.beniculturali.it

Antiquario Comunale 👥
⇢ S. 118, B 22

Die »Barbie« eines kleinen römischen Mädchens zählt zu den anrührendsten Ausstellungsstücken der kommunalen Sammlung römischer Altertümer. Das Museum spezialisierte sich auf Alltagsgegenstände, Werkzeuge und Küchenutensilien, ausgestellt sind aber auch Fresken, Friese und architektonische Fragmente. Nicht die große Skulptur, sondern die kleinen Objekte machen seinen Reiz aus.
Viale Parco del Celio 22; Tel. 0 67 00 15 69;
Metro Circo Massimo (c 3), Tram 3; bis auf weiteres wg. Restaurierung geschl.

Casa di Giorgio De Chirico
⇢ S. 114, A 14

Von 1945 bis zu seinem Tod 1978 lebte der Mitbegründer der metaphysischen Malerei in dem Haus an der Piazza di Spagna. Das im Dezember 1998 eröffnete Museum erlaubt einen Blick auf sein alltägliches Umfeld und seine Werke.
Piazza di Spagna 31, 4. Stock;
Tel. 0 66 79 65 46;
www.fondazionedechirico.it;
Metro Spagna (d 2); Di–Sa sowie 1. So im Monat Führungen um 10, 10.45, 11.30, 12.15 Uhr, Aug. geschl., besser nach Anmeldung (Tel. 0 66 79 65 46); Eintritt 5 €, Kinder bis 12 Jahre 3 €

Casa di Goethe
⇢ S. 113, F 10

Goethe wohnte während seines Romaufenthalts vom 29. Oktober 1786 bis 22. Februar 1787 und nach seiner Rückkehr aus Neapel und Sizilien vom 7. Juni 1787 bis 23. April 1788 bei seinem Freund Wilhelm Tischbein in dieser Wohnung am Corso. Das Museum macht mit Goethes Welt in Rom vertraut, zeigt Gemälde und Zeichnungen von Tischbein und Goethe, dokumentiert die Anregungen, die der Dichter während seines Aufenthaltes für seine Werke empfing.
Via del Corso 18; www.casadigoethe.it;
Metro Flaminio (c 2), Elektro-Bus 117, 119; Di–So 10–18 Uhr; Eintritt 4 €, unter 18, über 65 Jahren und für Studenten 3 €, für Kinder bis 10 Jahre gratis

Centrale Elettrica Montemartini – Art Center Acea
⇢ S. 117, südl. F 20

»Le Macchine e gli Dei«: Unter dem Titel »Die Maschinen und die Götter« fanden 400 griechische und römische Skulpturen und Statuen, die bisher in

den Magazinen der Kapitolinischen Museen lagerten, eine neue Heimat. Sehr suggestiv wirkt das Zusammenspiel der antiken Marmorpracht im ersten öffentlichen Elektrizitätswerk Roms, einer Jugendstilperle.
Via Ostiense 106;
www.centralemontemartini.org;
Metro Piramide (c 3) und Bus 23; Di–So 9–19 Uhr; Eintritt 4,50 €, Sammelticket mit Musei Capitolini 8,50 €; Ermäßigungen → S. 69, kommunale Museen

Galleria Borghese
→ S. 74

Galleria Colonna ·····> S. 114, A 16
Die Colonna zählten zusammen mit den Orsini zu den bedeutendsten römischen Adelsfamilien seit dem Mittelalter. Papst Martin V. (1417–31) ließ den standesgemäßen Familien-Palazzo bei der Piazza di Venezia errichten, der 1730 auf die heutige Dimension erweitert wurde und noch immer der Familie gehört. Sein Nachkomme Kardinal Girolamo legte ab 1654 den Grundstock zur berühmten Bildersammlung, die hauptsächlich Werke des 17. und 18. Jh. zeigt, aber auch Arbeiten der venezianischen Malschule des 16. Jh. (Tintoretto, Veronese, Lorenzo Lotto, Palma d. Ä.). Auch die reiche Dekoration der Räume, etwa in der Sala della Colonna Bellica mit dem Familienwappen – der roten Marmor-Säule (ital. colonna) – und der prunkvollen Sala Grande, verdient einen Blick.
Via della Pilotta 17;
www.galleriacolonna.it; Bus 64;
Sa außer Aug. 9–13.30 Uhr; Eintritt 7 €

Galleria Comunale d'Arte Moderna e Contemporanea ·····> S. 114, A 15
De Pisis, Carrà, Balla, De Chirico, Morandi – nur einige der Künstler des 20. Jh., die seit 1995 im provisorischen Sitz der Galerie im ehemaligen Konvent der Unbeschützten Karmelitinnen zu sehen sind, insgesamt 130 Gemälde. Momentan wird die Galerie restauriert, um eine größere Anzahl der 4000 Werke umfassenden Sammlung auszustellen.
Via Francesco Crispi 22;
www.comune.roma.it/avi; Elektro-Bus 117, Bus 61, 62, Metro Barberini (d 2); bis Frühjahr 2008 wg. Restaurierung geschl.

Galleria Doria Pamphilj
·····> S. 114, A 16
Als einzige der großen Kunstsammlungen des römischen Adels blieb die Kollektion der Familie Doria Pamphilj unversehrt erhalten. Neben dem Genuss hervorragender Gemälde bietet die Galerie daher auch einen Einblick in die Art, wie man Bilder in vergangenen Jahrhunderten sah und als Wandschmuck verwendete. Einen Teil der Gemälde und den Familienpalast der Doria Pamphilj brachte Olimpia Aldobrandini 1647 als Mitgift in ihre Ehe mit Camillo Pamphilj, der den Palazzo von Antonio Del Grande erneuern und erweitern ließ. Gabriele Valvassori schuf ab 1731 die monumentale Fassade zum Corso und schloss die oberen Bögen der Loggia zum Innenhof hin. So entstanden die Gänge der Galerie, etwa die prächtige Spiegelgalerie. Wiederum eine Heirat, nämlich die zwischen Anna Pamphilj und Andrea III. Doria 1671, bereicherte die Gemäldesammlung. Heute sieht man Werke des 15.–18. Jh., Gemälde von Tintoretto, Lorenzo Lotto, Mattia Preti, Guercino, flämische Meister wie Jan Brueghel d. Ä., Pieter Brueghel d. Ä., herausragende Arbeiten wie das Doppelporträt von Raffael, die »Salomé« von Tizian, »Flucht nach Ägypten« und »Bereuende Magdalena« von Caravaggio, die Lünetten von Annibale Carracci (eines seiner berühmtesten Landschaftsbilder zeigt ebenfalls eine »Flucht nach Ägypten«), die bezaubernde Landschaftsidylle wie die »Landschaft mit Tanzenden« von Claude Lorrain, antike Skulpturen und solche des 17. Jh. Nicht übersehen

sollte man außerdem die beiden Büsten Papst Innozenz X. von Bernini sowie eines der besten Porträts des 17. Jh., das Velazquez von dem Pamphilj-Papst malte.
Piazza del Collegio Romano 2; www.doriapamphilj.it; Bus 64, Elektro-Bus 117, 119; Fr–Mi 10–17 Uhr; Eintritt 8 €, für über 65- und unter 18-Jährige sowie Studenten 5,70 €

Galleria Nazionale d'Arte Antica a Palazzo Barberini ⇢ S. 114, B 15

Die Werke der Nationalgalerie für alte Kunst teilen sich die Palazzi Corsini und Barberini. Die Gemälde des Palazzo Barberini (→ S. 53) reichen, chronologisch geordnet, vom 12. – 18. Jh., von gotischen Tafelbildern über die Renaissancekünstler Filippo Lippi oder Perugino weiter zu Andrea del Sarto, Giulio Romano, Tintoretto, Tizian, El Greco bis hin zu Nicolas Poussin.

Zu den bedeutendsten Meisterwerken zählen »La Fornarina«, das Bild einer Bäckerstochter, in die Raffael verliebt gewesen sein soll, »Judith und Holophernes« und »Narziss« von Caravaggio sowie das Porträt Heinrichs VII. von Hans Holbein.
Via delle Quattro Fontane 13; www.galleriaborghese.it; Metro Barberini (d 2), Elektro-Bus 116, 119; Di–So 9–19.30 Uhr (Kasse schließt 45 Min. vorher); Eintritt 5 €, Ermäßigungen → S. 69, staatl. Museen

Galleria Nazionale d'Arte Antica a Palazzo Corsini ⇢ S. 117, D 17

Kardinal Raffael Riario, ein Neffe Papst Sixtus' IV., ließ ab 1510 den Palazzo in Trastevere errichten, den die Familie Corsini 1736 erwarb, um hier nach jahrzehntelangen Umbauten ihre Gemäldegalerie unterzubringen. Als letzte der großen Privatsammlungen adeliger Familien in Rom entstanden, zeigt sie den Kunstverstand Kardinal Neris, eines Neffen des Corsini-Papstes Clemens XII. (1730–40). Vor allem Gemälde des 16. und 17. Jh. warten auf den Besucher, Florentiner Manieristen ebenso wie die Bologneser und die Neapolitaner Schule.

Werke von Rubens, Van Dyck, Peter Brueghel d. J., Murillo und der »San Giovanni Battista« von Caravaggio vervollständigen die erlesene Sammlung der Galerie.
Via della Lungara 1; www.galleriaborghese.it; Bus 23, 125, 280; Di–So 8.30–19 Uhr (Kasse schließt um 18.15 Uhr); Eintritt 4 €; Ermäßigungen → S. 69, staatl. Museen

Meisterwerk antiker Bildhauerkunst: der Hermaphrodit in der Villa Borghese (→ S. 74).

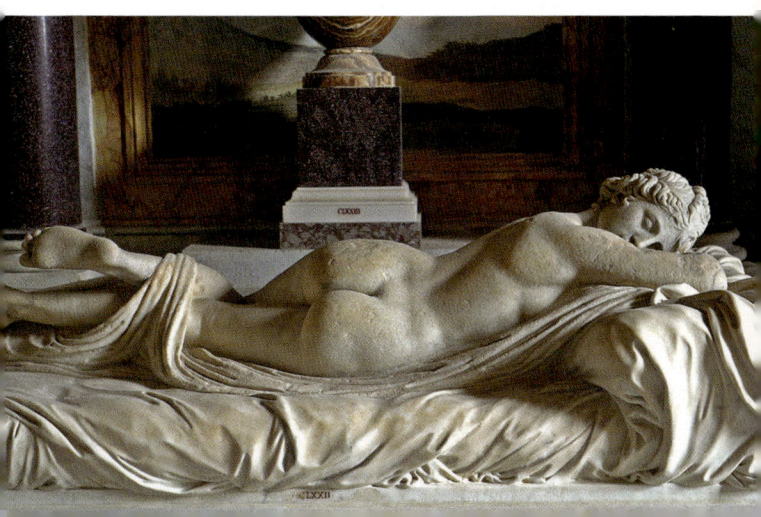

Museen und Galerien

Galleria Nazionale d'Arte Moderna
---> S. 110, A 8

Eher an ein allzu protziges Bankgebäude als an einen Musentempel erinnert der in den Jahren 1908–11 zur 50-Jahr-Feier der italienischen Einheit errichtete Palazzo der Belle Arti, der Italiens größte Sammlung moderner Malerei und Skulptur unter seinem Dach beherbergt.

Die einzelnen Säle widmen sich bestimmten Themen, einer Region oder einem Künstler. In dem wirklich sehr sehenswerten und gut strukturierten Museum bekommt man einen hervorragenden Eindruck von der Entwicklung der italienischen Malerei, vom Neoklassizismus und Romantizismus des 19. Jh. über die charakteristische Schule der Macchiaioli zu den Impressionisten. Die verschiedenen Stilrichtungen des 20. Jh., die metaphysische Malerei, Symbolismus, Futurismus, Kubismus, Dadaismus, Neoplastizismus, Surrealismus oder informelle Malerei, sind alle vertreten. Das Obergeschoss dokumentiert mit Werken von 1950–90 die neueren Entwicklungen. Neben den italienischen Größen wie Giacometti, De Chirico, Marino Marini, Modigliani – um nur einige zu nennen – hängen (oder stehen) auch erstklassige Werke von Van Gogh, Cézanne, Klimt, Mondrian, Kandinsky, Max Ernst, Henry Moore und vielen mehr. Für eine stilvolle Pause bietet sich das feine Caffè degli Arti (→ S. 23) in der Galerie an, das übrigens bis 2 Uhr nachts Gerichte serviert.

Viale delle Belle Arti 131;
www.gnam.arti.beniculturali.it;
Tram 19, 3; Di–So 9–19 Uhr (Kasse schließt 30 Min. eher); Eintritt 9 €, Ermäßigungen → S. 69, staatl. Museen

Keats-Shelley House ---> S. 114, A 14

An einer der schönsten Stellen der Stadt, in der Casina Rossa an der Spanischen Treppe, mietete sich der englische Romantiker John Keats ein und starb hier 1821 erst 25-jährig an Tuberkulose und gebrochenem Herzen. Ihm und seinem Freund P. B. Shelley huldigen in dieser Gedächtnisstätte vor allem englischsprachige Touristen und romantische Seelen.

Piazza di Spagna 26; www.keats-shelley-house.org; Metro Spagna (d 2);
Mo–Fr 9–13, 15–18, Sa 11–14, 15–18 Uhr; Eintritt 3,50 €

MACRO (Museo d'Arte Contemporanea Roma) und MAXXI
---> S. 115, D 13

Industriearchäologie und moderne Kunst vereinigen sich in der ehemaligen Brauerei Peroni zu einer anregenden Mischung. Das Jugendstilambiente bietet jeweils wechselnde Ausstellungen. Die allerneuesten Erwerbungen zeigt die Zweigstelle im ehemaligen Schlachthof (**Macro Future**, ---> S. 117, E 20) in Testaccio, das sich als Plattform kultureller Veranstaltungen und Künstlerevents versteht. Ganz dem 21. Jh. gewidmet ist das **MAXXI** (Museo Nazionale per le arti del XXI secolo, ---> S. 109, D 2) in einem von der anglo-iranischen Architektin Zaha Hadid im Viertel Flaminio entworfenen Bau.

MACRO, Via Reggio Emilia 54;
www.macro.roma.museum; Bus 36, 60, 62; Di–So 9–19 Uhr; Eintritt 1 €; MACRO Future, Piazza O. Giustiniani 4, Metro Piramide (c 3); Di–So 16–24 Uhr; gratis;
MAXXI, Via Guido Reni 2–10;
www.maxximuseo.org; Metro Flaminio (c 2) und Tram 2; Di–So 11–19 Uhr; gratis

Museo Barracco ---> S. 113, E 12

Klein, aber fein ist dieses Museum. In nur wenigen Räumen zeigt die erlesene Sammlung des Barons Giovanni Barracco exzellente Skulpturen und Reliefs. Die Spannweite reicht von der Kunst des 3. Jahrtausends v. Chr. in Babylon und Ägypten über Werke der Parther und Sumerer bis zur griechischen und römischen Plastik. Besonders schön sind die assyrischen Reliefs des 8./7. Jh. v. Chr. mit Jagd- und Kriegsszenen. Beachtung

Galleria Nazionale d'Arte Moderna – Museo della Civiltà Romana

verdient auch der verwundete Hund, eine Kopie nach Lysipp
Piazza dei Baullari 1/Corso Vittorio Emanuele II 158; www.museobarracco.it; Bus 46, 62, 64; Di–So 9–19 Uhr, Eintritt 3 €; Ermäßigungen → S. 69, kommunale Museen

Musei Capitolini ⇢ S. 118, A 21
Die erste öffentliche Sammlung der Welt begründete Papst Sixtus IV. 1471. Der Palazzo dei Conservatori und der Palazzo Nuovo, die den Kapitolsplatz flankieren, beherbergen eines der herausragenden Museen antiker Skulptur in Rom. Eines der bekanntesten Ausstellungsstücke ist die berühmte »Kapitolinische Wölfin« aus dem 5. Jh. v. Chr. Die Pinakothek mit dem Schwerpunkt auf dem 17./18. Jh. zeigt u. a. Werke von Tizian, Rubens, Velazquez und Caravaggio. Nicht übersehen sollte man im Palazzo Nuovo: das Original der Reiterstatue des Marc Aurel; die »Kapitolinische Aphrodite«, römische Kopie einer Statue von Praxiteles (4. Jh. v. Chr.); den »Sterbenden Gallier« (3. Jh. v. Chr.).
Piazza del Campidoglio; www.museicapitolini.org; Bus 60, 64, 87; Di–So 9–20 Uhr; Eintritt 6,50 €, Sammelticket mit Centrale Elettrica Montemartini 8,50 €

MERIAN-Tipp
⑧ Terrazza Caffarelli
Keinesfalls sollten Sie einen Besuch des Museumscafés der Musei Capitolini, der Terrazza Caffarelli, versäumen. Der Zugang ist auch ohne Eintrittskarte für das Museum möglich. Bei einem Cappuccino liegen Ihnen die Dächer Roms zu Füßen. Garibaldis Statue auf dem Gianicolo, das Teatro di Marcello und die Peterskuppel dienen als Blickfang.
Piazza del Campidoglio; Bus 60, 64, 87; Di–So 9–19,30 Uhr ⇢ S. 118, A 21

Museo Civico di Zoologia
→ S. 35

Museo della Civiltà Romana
⇢ S. 118, südl. B 24
Rom einmal zur Zeit Kaiser Konstantins sehen? Im Maßstab 1:250 können Sie das großartige, 200 qm umfassende Modell der Stadt bewundern. Das Museum zeigt in Abgüssen und Nachbildungen die wichtigsten Zeugnisse römischer Kultur, von der Hütte des Romulus auf dem Palatin bis zu einer Vorhalle des Augustustempels in Ankara. Besonders interessant sind

Im Museo della Civiltà Romana wird die Antike wieder lebendig.

auch die Kopien des Reliefbandes der Trajanssäule – hier kann man die Kriege des Kaisers gegen die Daker aus nächster Nähe miterleben. Nicht nur Kindern fällt es in diesem Museum leichter, sich eine Vorstellung vom alten Rom zu machen. Die vielen Fragmente, denen man in der Stadt begegnet, wurden hier zu einem sehenswerten Gesamtbild zusammengesetzt. Sehr sehenswert ist auch das 2004 nach 20-jähriger Schließung auf neuestem technischen Stand wieder eröffnete **Planetarium** (tgl. Di–Fr 9–14, Sa/So bis 19 Uhr, Eintritt 6,50 €).
Piazza Giovanni Agnelli 10; Metro EUR Fermi (d 3), dann Bus 765; Di–Sa 9–14, So und Fei 9–13.30 Uhr (Kasse schließt 1 Std. eher); Eintritt 6,50 €; Museum u. Planetarium 8,50 €

Museo e Galleria Borghese
·····⟩ S. 114, B 13

Im Nordosten der Villa Borghese liegt das hübsche Casino Borghese, das im Erdgeschoss das Museum und im ersten Stock die Galleria Borghese beherbergt. Die »Königin unter den privaten Kunstsammlungen der Welt« begann der Neffe Papst Pauls V., Kardinal Scipione Borghese, 1608, seit 1997 ist sie nach jahrzehntelangen Restaurierungsarbeiten wieder geöffnet. In der Galleria ragen einige Werke aus der Masse der Kostbarkeiten (Lukas Cranach, Rubens, Giovanni Bellini) noch heraus: die fast manieristische Grablegung Christi von Raffael (1506/07); die Danae von Correggio (1526), die Jupiter im Goldregen erwartet, »Heilige und Profane Liebe« (Amor Sacro e Amor Profano) von Tizian (1516/17), das Porträt eines unbekannten Mannes von Antonello da Messina.

Im Museo Borghese warten neben einer exzellenten Sammlung antiker Kunst großartige Skulpturen von Bernini, die er im Auftrag Scipione Borgheses schuf: das Sinnbild Roms, Äneas, der seinen Vater Anchises trägt, der nur ein Götterbild aus Troja rettet (Enea e Anchise, 1619–21), der Raub der Proserpina (1621/22), Apollo und Daphne (1622–25) und der David (1623/24), dem er seine eigenen Gesichtszüge gab.

Eine andere kostbare Skulptur des Museums schuf Antonio Canova 1805: Paolina Borghese, die Schwester Napoleons, als ruhende Venus. Eine Reihe exzellenter Gemälde von Caravaggio hängt ebenfalls im Museo.
Piazzale Scipione Borghese 5; www.galleriaborghese.it; Bus 910. Im Museum ist die Besucherzahl auf 360, in der Galleria auf 90 beschränkt, daher reservieren (Besuch insgesamt auf 2 Std. beschränkt); Di–So 9–19 Uhr; Reservierung: Tel. 06 32 81 01, Mo–Fr 9–18, Sa 9–13 Uhr; Eintritt mit Reservierung 8,50 €

Museo delle Mura di Roma
→ S. 52

Museo Nazionale delle Arti e Tradizioni Popolari
·····⟩ S. 118, südl. B 24

Die Volkskunst Italiens steht im Mittelpunkt dieses Museums. Das Leben der italienischen Bevölkerung bis zum Zweiten Weltkrieg wird lebendig.
Piazza G. Marconi 8; www.popolari. arti.beniculturali.it; Metro EUR Fermi (d 3); Di–Sa 9–14, So bis 19.30 Uhr; Eintritt 4 €

Museo Nazionale di Castel Sant' Angelo
→ S. 41

Museo Nazionale Etrusco di Villa Giulia
·····⟩ S. 109, F 4

Im herrlichen Ambiente der Renaissancevilla, die sich Papst Julius III. von Vasari, Ammannati und Vignola von 1551–55 errichten ließ, fand die bedeutendste Sammlung etruskischer Kunst ihre prächtige Heimstätte. Die Kollektion umfasst Exponate von der Eisenzeit bis zur römischen Eroberung der etruskischen Städte und wurde nach topografischen Gesichtspunkten geordnet.

Museo della Civiltà Romana – Museo Nazionale Romano

Aus der unendlichen Zahl hervorragender Ausstellungsstücke seien nur einige herausgegriffen, die Sie nicht übersehen sollten: in der Sala di Pyrgi, dem ehemaligen Hafen von Cerveteri, die Goldblättchen mit einer zweisprachigen Inschrift (etruskisch und punisch); in den Vulci gewidmeten Räumen der Jüngling, der ein Seepferdchen reitet, aus dem 6. Jh. v. Chr., wenige klassisch schöne Linien kennzeichnen diese Skulptur; die kleine Terracotta-Statue eines Kindes aus Vulci (2. Jh. v. Chr.), sehr fein sind Haartracht und Gesichtsausdruck dargestellt; das Wägelchen aus Bisenzio, das als Untersatz eines Kohlenbeckens diente und mit jedem Jugendstil-Tischchen mithalten könnte; der Apollo von Veji, der zu den bekanntesten Terrakotta-Statuen der Antike zählt und aufgrund seiner bewegten Figur auch der »gehende Apollo« genannt wird; der berühmte Sarcofago degli Sposi aus dem 6. Jh. v. Chr., eine feine Terrakottaarbeit aus Cerveteri, die die Eheleute beim Bankett liegend zeigt.

Die engen Handelskontakte der Etrusker zu den Griechen bezeugt die exzellente griechische und von griechischen Modellen beeinflusste Keramik, die in den etruskischen Gräbern gefunden wurde. So manches Schmuckstück würde auch heute noch gefallen! Versäumen Sie zum Abschluss nicht, einen Blick auf die Fresken im halbrunden Innenhof zu werfen und die Details des im Garten nachgebauten Tempels zu würdigen.

Piazzale di Villa Giulia 9; Tram 19, 3; Di–So 8.30–19.30 Uhr (Kasse 18.30 Uhr); Eintritt 4 €; Ermäßigungen → S. 69, staatliche Museen

Museo Nazionale del Palazzo di Venezia
→ S. 54

Museo Nazionale Romano
Das Römische Nationalmuseum gibt es eigentlich fünfmal: in den Diokletians-Thermen, in der Aula Ottagona, im Palazzo Altemps, im Palazzo Massimo sowie in der Cripta Balbi.

Ein Ticket für alle Teile, gültig 3 Tage: 7 €, für Mitglieder der EU zwischen 18 und 25 Jahren 3,50 €, unter 18 und über 65 Jahren gratis. auch Sammelticket Colosseo → S. 44. Alle Teile außer Aula Ottagona: Di–So 9–19.45 Uhr; http://archeoroma.beniculturali.it

Ein Schüler Michelangelos entwarf den Kreuzgang des Museo Nazionale Romano in den Diokletiansthermen, einer umfangreichen Sammlung antiker Kunstwerke.

Museen und Galerien

Cripta Balbi ⇢ S. 113, F 12
Das Museum bietet die Möglichkeit, die Bebauung eines städtischen Areals über ca. 2000 Jahre zu verfolgen. Von einem säulenumstandenen Innenhof des Balbo-Theaters von 13 v. Chr. bis zu Strukturen eines mittelalterlichen Klosters aus dem 8. Jh., Handelshäusern aus der Zeit nach 1000 und dem Conservatorio di Santa Caterina dei Funari aus dem 16. Jh. reicht die Baugeschichte des Gebäudekomplexes. Auch die bei den über 20 Jahren dauernden Ausgrabungen gefundenen mittelalterlichen Keramikutensilien werden gezeigt.
Via delle Botteghe Oscure 31; Tram 8, Bus 40, 64; Eintritt und Öffnungszeiten → Museo Nazionale Romano, S. 75

Terme di Diocleziano ⇢ S. 114, C 15
Einst erstreckten sich die riesigen (376 m x 361 m), ca. 3000 Personen fassenden Thermen des Diokletian, die in den Jahren 298–306 errichtet worden waren, von der Piazza della Repubblica bis zur Piazza San Bernardo. Den besterhaltenen und größten Raum der Thermen nutzte Michelangelo als 91 m langes Querschiff der **Basilika Santa Maria degli Angeli**. Die übrigen noch bestehenden Teile des antiken Bauwerks beherbergen einen Teil des Museo Nazionale Romano. Der von Michelangelo entworfene Kreuzgang des zur Kirche gehörenden Klosters birgt heute nach topographischen Gesichtspunkten angeordnete, auf römischem Stadtgebiet gefundene Skulpturen.

Seit der Wiedereröffnung im Juni 2000 wird anhand einer reichen Auswahl lateinischer Inschriften die Geschichte der Schriftkultur auch unter sozialen Aspekten dargestellt. Hinzu kommen Funde aus der Bronze- und Eisenzeit des Latium.
Viale E. De Nicola 78; Metro Repubblica (d 3); Eintritt und Öffnungszeiten → Museo Nazionale Romano, S. 75

Aula Ottagona ⇢ S. 114, C 15
Der achteckige Raum zählt zu den original erhaltenen Teilen der antiken Diokletians-Thermen. In diesem Ambiente wirken die großen Skulpturen, die einst die Anlage schmückten, besonders eindrucksvoll.
Via Romita 8; Metro Repubblica (d 3); Di–Sa 9–14, So 9–13 Uhr, oft aus Personalmangel geschl., gratis

Palazzo Altemps ⇢ S. 113, E 11
In dem Renaissancepalast, den Antonio da Sangallo d. Ä. und Baldassare Peruzzi Ende des 15. Jh. errichteten, werden seit 1998 die exzellenten Skulpturensammlungen römischer Adelsfamilien gezeigt. Zu den bekanntesten Ausstellungsstücken des Museums gehören der Ludovisische Thron mit einer Darstellung der Geburt Aphrodites aus dem 5. Jh. v. Chr., der Ares Ludovisi (der Gott sitzt lässig mit den Händen auf sein Schwert gestützt), der Gallier, der sich selbst tötet – eine von Cäsar in Auftrag gegebene Kopie eines griechischen Originals – und der grandiose Sarkophag Grande Ludovisi (Großer Ludovisischer Schlachtsarkophag) mit dem bewegten Relief einer Schlacht zwischen Römern und Barbaren aus dem 3. Jh. n. Chr.

Doch eigentlich verdient jedes einzelne Stück eigens genannt zu werden, denn die gezeigten Skulpturen gehören zusammen mit denen des Palazzo Massimo zum Besten, was Rom derzeit zu bieten hat.
Piazza Sant' Apollinare 46; Bus 81, 87, Elektro-Bus 116; Eintritt und Öffnungszeiten → Museo Nazionale Romano, S. 75

Museo Nazionale degli Strumenti Musicali ⇢ S. 119, F 21
Musikinstrumente aus der ganzen Welt und aus allen Epochen: Diese interessante Sammlung zeigt ca. 800 der über 3000 Instrumente aus ihrem Besitz. Zu den herausragenden Stücken gehört eines der drei auf der Welt existierenden Klaviere von Bar-

tolomeo Cristofori (1655–1732), dem Erfinder dieses Instruments, und das älteste deutsche Clavicembalo, das Hans Müller in Leipzig 1537 konstruierte. Kindern werden vielleicht die afrikanischen Instrumente mit Klangkörpern aus Tierpanzern oder die Militärtrommeln besser gefallen!
Piazza Santa Croce in Gerusalemme 9a; www.galleriaborghese.it; Tram 3; Di–So 8.30–19 Uhr; Eintritt 2 €; Ermäßigungen → S. 69, staatliche Museen

Museo Preistorico ed Etnografico L. Pigorini 👥 ····> S. 118, südl. B 24
Vom Neandertaler-Schädel bis zu Schrumpfköpfen: Prähistorische Funde aus Latium und Ethnografisches aus vielen Kulturen der Welt erwarten den Besucher in diesem Museum. Mammutknochen, Pfeilspitzen, aber auch Geräte der Eisenzeit bezeugen die frühe Kultur der Region um Rom, Masken und Fetische, Keramik und Waffen die außereuropäischen Kulturen, die die ersten Forscher und Jesuiten-Padres bei ihren Missionsreisen entdeckten. Zunächst wurden die Afrika- und Ozeanien-Abteilungen neu strukturiert, während die Neuordnung der Amerika-Sektion im Jahr 2001 abgeschlossen wurde. Kleine und größere Kinder träumen hier von abenteuerlichen Forschungsreisen.
Piazza Guglielmo Marconi 14; www.pigorini.arti.beniculturali.it; Metro EUR Fermi (d 3); Di–So 9–14 Uhr; Eintritt 4 €; Ermäßigungen → S. 69, staatliche Museen

Musei Vaticani (Vatikanische Museen)
····> S. 112, B 10–11
Eine der bedeutendsten Kunstsammlungen der Welt, die auch die größte Antikenkollektion der Erde umfasst, beherbergen die Paläste, die seit dem Mittelalter durch jahrhundertelange Um- und Neubauten entstanden.

Die unüberschaubare Anzahl an herausragenden Kunstobjekten macht es sinnvoll, sich für eine Auswahl zu

MERIAN-Tipp

⑨ Palazzo Massimo (alle Terme)

Im Sommer 1998 eröffnete dieses zur Zeit wohl spektakulärste Museum Roms. Einzigartige Skulpturen, Mosaike und Fresken sind häufig das erste Mal überhaupt der Öffentlichkeit zugänglich.

Erdgeschoss und erster Stock zeigen eine exzellente Sammlung griechischer und römischer Skulpturen, Porträts, Mosaike und Inschriften. Kaiser Augustus in italischer Tradition mit weiter Toga, die auch seinen Kopf bedeckt, als Pontifex Maximus dargestellt, oder der berühmte Diskuswerfer des Myron, ausgezeichnete Porträtköpfe von Septimius Severus und Hadrian – die Anzahl wirklich herausragender Werke ist überwältigend.

Das zweite Obergeschoss hält eine weitere Steigerung bereit: wunderbare römische Fresken aus den Villen der Livia und der Farnesina. Selbst Teile der feinen Stuckverzierungen konnten in die nachgebauten Räume aufgenommen werden. Die aufwendige Ausstattung der Wohnräume dieser römischen Adeligen hält jedem Vergleich mit den Prunkräumen späterer Jahrhunderte mühelos stand.

Ein echter Schatz wartet im »Keller« des Palazzo, der nicht zu Unrecht an einen Hochsicherheitstrakt erinnert. Italiens Münzen, 100 000 Stücke aller Epochen, von römischen Sesterzen bis zum Euro, führen durch die Geldgeschichte der Halbinsel, zeigen Herrscherbildnisse, Stadtansichten oder prunken ganz einfach nur in Gold und Silber.
Largo di Villa Peretti 1 (bei Piazza dei Cinquecento); Metro Repubblica oder Termini (c 2); Eintritt und Öffnungszeiten → Museo Nazionale Romano, S. 75 ····> S. 114, C 15

entscheiden, da man an einem Tag die 7 km (!) langen Museumsgänge nicht durchwandern kann, wenn man noch etwas aufnehmen möchte.

Man erreicht von den Kassen ein Vestibül, dann den Cortile delle Corazze und das Atrio dei Quattro Cancelli. Vor einem liegt nun der Cortile della Pigna, der nach dem riesigen, antiken bronzenen Pinienzapfen so heißt, links die Scala (Treppe) Simonetti hinauf gelangt man in das Museo Gregoriano Egizio. Am Ende dieses Museums oder direkt durch den Cortile della Pigna erreicht man das Museo Chiaramonti. Die Treppe am Eingang des Museo Chiaramonti führt hinauf in das Museo Pio Clementino, das rund um den achteckigen Hof (Cortile Ottagono oder Cortile Belvedere) mit den berühmtesten Statuen des Vatikans liegt. Vom Atrio dei Quattro Cancelli oder von der Sala a Croce Greca im Stock darüber führt die Scala Simonetti hinauf in das Museo Gregoriano Etrusco ganz oben.

Ein Stockwerk tiefer erreicht man die Galleria dei Candelabri, die direkt in die Galleria degli Arazzi e delle Carte Geografiche übergeht. Auf dem Weg zu den Stanze di Raffaello passiert man die Galleria di San Pio V., die Salette di San Pio V., die Sala Sobieski und die Sala dell' Immacolata. Von der Stanza dell' Incendio über die Cappella di Urbano VIII. führt der Weg hinunter in das Appartamento Borgia mit der Collezione d'Arte Religiosa Moderna. Über eine Treppe gelangt man zur Cappella Sistina.

Ein Korridor und eine Treppe bringen den Besucher in das Stockwerk der Biblioteca Apostolica Vaticana. Vom Atrio dei Quattro Cancelli erreicht man die Pinakothek, kurz vor deren Eingang der Zugang zum Museo Gregoriano Profano, dem Museo Pio Cristiano und dem Museo Missionario Etnologico liegt. Von der Pinakothek gelangt man auch zum Museo delle Carrozze, das wegen Restaurierungsarbeiten geschlossen ist.

Viale Vaticano; mv.vatican.va; Metro Cipro-Musei Vaticani (c 2); Jan., Feb., Nov., Dez. Mo–Fr 10–13.45, März–Okt. Mo–Fr 10–16.45; Sa meist 10–14.45; jeden letzten So im Monat gratis, 10–13.45 Uhr; die Kassen schließen 75 Minuten eher; Eintritt 13 €, Kinder von 6 bis 14 Jahren sowie Schüler und Studenten bis 26 Jahre 8 €; die Eintrittskarte gilt 5 Tage auch für das Museo Storico Vaticano im Lateranspalast bei San Giovanni in Laterano (→ S. 58), Mo–Sa Einlass um 9, 10, 11, 12 Uhr (nur Museo Storico Eintritt 4 €)

Die wichtigsten Museen und Gebäudeteile:
Appartamento Borgia
Papst Alexander VI. Borgia (1492–1503) ließ seine Wohnräume im Vatikan von Pinturicchio (und Schülern) mit herrlichen Fresken ausmalen. Die Sala dei Santi (Nr. IV) und die Sala dei Misteri della Fede (Nr. V) mit einem Porträt des knieenden Papstes verdienen besondere Aufmerksamkeit.

Cappella Sistina
(Sixtinische Kapelle)
→ S. 40

Collezione d'Arte Religiosa Moderna
Die ausgezeichnete Sammlung moderner religiöser Kunst zeigt ca. 800 Gemälde, Skulpturen und Grafiken von über 250 Künstlern aller modernen Kunstrichtungen.

Galleria degli Arazzi e delle Carte Geografiche
Die Wandkarten Italiens der Galleria delle Carte Geografiche mit ihrer herrlichen Decke entstanden 1580–83 und bezeugen das wachsende Bewusstsein der Einheit Italiens trotz seiner politischen Zerstückelung.

Galleria dei Candelabri
In der Galerie mit römischer Kunst kann man sich hier von einem fein gearbeiteten Relief, dort von einem

schön modellierten marmornen Körper verzaubern lassen.

Museo delle Carrozze
Das Kutschenmuseum ist wohl noch länger wegen Restaurierungsarbeiten geschlossen.

Museo Chiaramonti
Das Museum besteht aus drei Teilen: dem eigentlichen Museo Chiaramonti, der Galleria Lapidaria (nur mit Sondererlaubnis zu besichtigen) und dem Braccio Nuovo. Im langen Korridor von Bramante geben die realistischen Porträtköpfe (u. a. Augustus, Tiberius, Antoninus Pius) Auskunft über die Physiognomie der alten Römer. Die berühmte Statue des Augustus von Prima Porta, die den Kaiser im Alter von 40 Jahren zeigt, und der Nil, auf dem 16 Putten spielen, sind im lichten Korridor des Braccio Nuovo untergebracht.

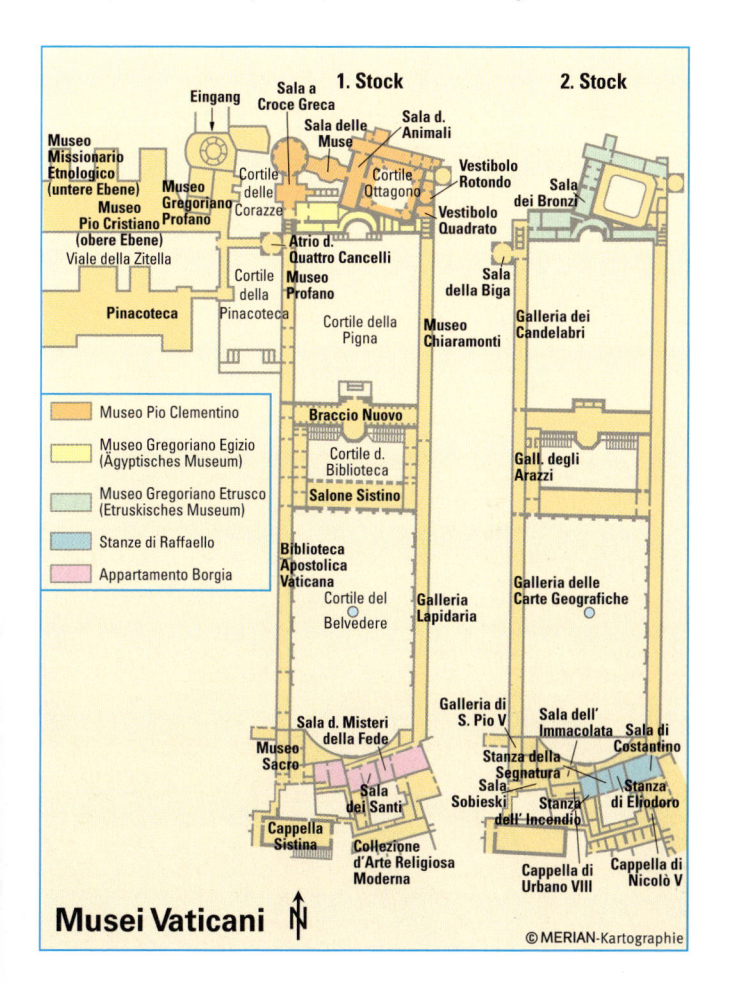

Museo Gregoriano Egizio 👥
Statuen, Mumien und Keramik aus Ägypten von ca. 4000 v. Chr. bis in die römische Zeit sowie Skulpturen des Canopus der Villa Adriana in Tivoli, in der Kaiser Hadrian ein idealtypisches Ägypten nachbilden ließ.

Museo Gregoriano Etrusco
Das Museum zählt zu den bedeutendsten Sammlungen etruskischer Kunst, beherbergt aber auch eine Kollektion griechischer und italienischer Vasen. Beachtenswert ist der fast lebensgroße Mars von Todi, ein Bronzekrieger aus dem 5. Jh. v. Chr. ab und zu geschl.

Museo Missionario Etnologico 👥
Das Alltagsleben und die Kunst, die Gebräuche und Religionen, die Einführung des Christentums: Dieser Teil der Vatikanischen Museen zeigt Ausstellungsmaterial aller außereuropäischen Kulturen, vom taoistischen Altar über Holzstatuen des Gottes Tu aus Polynesien, Geisterhütten aus Neuguinea, Holzstatuen von guten Geistern aus Afrika bis hin zu Skulpturen, die das Stammesleben der Sioux und Creeks illustrieren – dafür interessieren sich auch Kinder.

Museo Pio Clementino
Mit Sicherheit einer der Höhepunkte der vatikanischen Sammlungen: Das Museum bietet in den Räumen rund um den Cortile Ottagono (Belvedere-Hof) berühmte griechische und römische Skulpturen. Zu den herausragenden Arbeiten zählen: der Apoxyomenos, nach einem Original von Lysipp (340–320 v. Chr.), das den Athleten nach dem Sieg zeigt, erstmals wird hier eine menschliche Figur plastisch dargestellt, nicht mehr nur als rein frontale Ansicht (neben dem Vestibolo Rotondo); der weltberühmte Apoll vom Belvedere, Kopie nach einem Original von Leochares (4. Jh. v. Chr.); die einzigartige Laokoon-Gruppe, eine Kopie aus dem 1. Jh. n. Chr. nach einem griechischen Bronzeoriginal, das Laokoon mit seinen Söhnen im Todeskampf mit den Meeresschlangen darstellt; der Torso

Gute Vorbereitung hilft, um in den Vatikanischen Museen den Überblick zu behalten!

vom Belvedere von Apollonios (1. Jh. v. Chr.) in der Sala delle Muse. Die realistischen Tierdarstellungen in der Sala degli Animali verdienen einen eigenen Blick.

Pinacoteca
Die chronologisch geordnete, nicht sehr große vatikanische Pinakothek besitzt herausragende Werke der italienischen Malerei vom 12.–18. Jh. In Saal 8 hängen die zehn Wandteppiche nach Entwürfen Raffaels sowie einige seiner berühmtesten Gemälde: »Trasfigurazione« (Verklärung Christi, sein letztes Bild von 1517), »Madonna di Foligno«, drei hell-dunkle Tafeln (Hoffnung, Charitas, Glaube), Marienkrönung (sein erstes großes Gemälde von 1503), Verkündigung, Epiphanie, Darbringung Jesu im Tempel. In Saal 9 hängt außerdem der San Girolamo von Leonardo da Vinci, in Saal 12 die Kreuzabnahme von Caravaggio.

Stanze di Raffaello (Stanzen Raffaels)
Die Sala di Costantino mit wichtigen Szenen aus dem Leben Kaiser Konstantins (Taufe, Sieg über Maxentius an der Milvischen Brücke, Erscheinung des Kreuzes, Konstantinische Schenkung) schuf Giulio Romano, ein Schüler Raffaels. Seine Arbeit zeigt bereits Zeichen des Manierismus, etwa in der Konstantinischen Schenkung, in der das Fresko als Wandteppich erscheint.

Über die Sala dei Palafrenieri erreicht man die Cappella di Niccolò V, deren Freskenschmuck von Fra Angelico stammt. Es folgt die Stanza di Eliodoro, die Raffael von 1512–14 ausmalte: »Papst Leo d. Große (mit dem Gesicht Leos X.) hält die Invasion Attilas auf«, »Messe von Bolsena« mit feinem Porträt des knienden Papstes Julius II., »Vertreibung des Heliodor« mit einem Selbstporträt Raffaels (links unten), »Befreiung des Apostels Petrus«, das erste Nachtbild der Hochrenaissance. Die Fresken der Stanza della Segnatura, in der die offiziellen Schriftstücke unterzeichnet wurden, bilden den Höhepunkt der Malerei Raffaels (1509–11). Der »Disputa del Sacramento«, einer Verherrlichung des katholischen Glaubens, steht die »Schule von Athen«, die Philosophie der Antike, gegenüber. Der »Parnass«, der Sitz der Künste, sowie das kanonische Recht (symbolisiert durch Papst Gregor IX.) und das weltliche (symbolisiert durch Kaiser Justinian) vervollständigen den Raum. Die Theologie, Gerechtigkeit, Philosophie und Poesie an der Decke runden dieses großartige, das gesamte Wissen der Menschheit umfassende Programm ab. Schüler Raffaels führten die wunderbaren Fresken der Stanza dell' Incendio nach Entwürfen des Meisters aus.

Villa Torlonia   ⇢ S. 115, F 13
Inmitten der weitläufigen, romantischen, im englischen Stil angelegten Parkanlage Villa Torlonia, die Mussolini von 1925 bis 1943 als Privatresidenz nutzte, wurden in den letzten Jahren die meisten der dort seit 1802 errichteten Gebäude restauriert: Das Villino Rosso mit seinen eleganten Jugendstilfenstern, die Limonaia, heute eine schicke Caffetteria, das Casino dei Principi, der Neurenaissancepalast Casino Nobile und die Casina delle Civette. Dieses pittoreske Märchenschlösschen der Steinkäuze (»civette«), in dem sich die verschiedensten Architektur- und Dekorationstile mischen, bildet mit seinen herrlichen Fensterscheiben aus Buntglas in Bleiumrandung den Rahmen für die Einrichtung eines wunderschönen Museums für Glasfenster.
Via Nomentana 70;
www.museivillatorlonia.it; Bus 36, 60, 62; April–Sept. Di–So 9–19 Uhr, Nov.–Feb. bis 16.30, März, Okt. bis 18.15 Uhr; Eintritt Casino Nobile 4,50 €, Casina delle Civette 3 €, Sammelticket 6.50 €; Ermäßigungen → S. 69, kommunale Museen

Spaziergänge und Ausflüge

Inbegriff von »Dolce Vita« und ungeheuer praktisch auf Roms Straßen: die Vespa, die sich elegant an den Autos vorbeischlängelt, wenn der Verkehr mal wieder zum Erliegen kommt.

Zu Fuß gewinnt man den besten Einblick in den römischen Alltag, lernt die Unterschiede der einzelnen Viertel kennen, entdeckt versteckt gelegene Trattorien und unzählige kleine Läden ...

Von der Piazza Venezia zum Campo de' Fiori im Herzen Roms

Charakteristik: Besonders am späten Nachmittag entfalten die Straßen und Plätze dieses Viertels ihr Flair. Der Spaziergang führt sowohl zu einigen der berühmtesten Sehenswürdigkeiten als auch zu Shoppingadressen. **Dauer:** 2–3 Stunden; **Einkehrmöglichkeit:** Das Antico Caffè della Pace (→ S. 25) in der Via della Pace und Cul de Sac an der Piazza Pasquino 73 (→ S. 56); **Karte:** ⇢ S. 84

Von der **Piazza di Venezia** mit dem verkehrsumtosten Monumento a Vittorio Emanuele II flüchten wir in die **Via del Corso** mit dem Palazzo Doria Pamphilj und vielen jungen Modeboutiquen. Über die **Via dell'Umiltà** mit ihrer Jugendstil-**Galleria Sciarra** und die **Via Caravita** gelangt man zur spektakulären **Piazza Sant'Ignazio**, wo man keinesfalls die illusionistischen Fresken in der dortigen Jesuitenkirche verpassen sollte. Über die Via Sant'Ignazio und die **Via Piè di Marmo** mit ihren Buchhandlungen geht es weiter zu dem süßen **Elefanten** 👣 von Bernini.

In der einzigen großen gotischen Kirche Roms **Santa Maria sopra Minerva** verbergen sich Michelangelos Christusstatue und exzellente Renaissancefresken.

Mit dem **Pantheon** an der **Piazza Rotonda** erblickt man den besterhaltenen Bau der Antike. In der Kirche **San Luigi dei Francesi** finden sich drei Meisterwerke von Caravaggio, in der nur wenige Meter entfernten Kirche **Sant'Agostino** seine revolutionäre »Madonna dei Pellegrini«. Südlich der berühmten Antiquitätengasse Via dei Coronari laden viele Cafés und Restaurants zu einer Pause ein.

Man kann die Seele aber auch wunderbar auf Roms schönster Piazza, der **Piazza Navona** 👣, baumeln lassen. Übersehen Sie an der **Piazza Pasquino** weder die »sprechende« Statue noch die erste Wine Bar Roms, das **Cul de Sac**.

Auf dem **Campo de' Fiori** herrscht eine im Vergleich zur Piazza Navona volkstümlichere Atmosphäre.

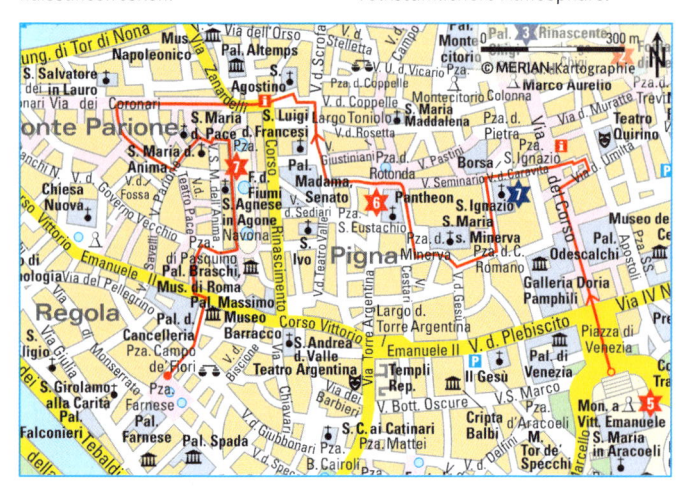

MERIAN *live!*-QUIZ

GEWINNSPIEL: Monat für Monat eine Reise und weitere attraktive Preise zu gewinnen!

Um wen, was oder welchen Ort geht es hier?

» Wer weiß, vielleicht war sie es, oder besser: das Schweigen der Gesuchten, was Boëthius, ihrem Lauf folgend, zu der Sentenz verleitete: si tacuisses, philosophus mansisses – wenn Du geschwiegen hättest, wärest Du ein Philosoph geblieben.

Nicht geschwiegen hatte wohl auch ein anderer, der seinem Stellvertreter (der gerade im Begriff war, sich aus dem Staub zu machen) in Erscheinung trat, ganz in der Nähe der Gesuchten, südlich von Rom. Der kleine Wortwechsel, der darauf folgte, eingeleitet durch eine weltberühmte Frage (auf Latein, versteht sich), hatte äußerst weitreichende Folgen. Folgen, die noch heute sichtbar sind in Rom – nicht nur am angeblich schönsten Platz der Welt, nebst angrenzendem Gebäude.

Ja, wenn die Gesuchte erzählen könnte, was alles sich in ihrem Dunstkreis ereignete: etwa wie ein Kaiser in ihrer Nähe (sozusagen: thermal) baden ging. Oder wie sich mancher (Cicero z.B.) neben sie legte – monumental und für immer Ruhe findend. Oder wie ein germanischer Dichter hier, nahe der Gesuchten, sich dank der Künste eines Freundes malerisch der Nachwelt zeigte (halb liegend und ziemlich behutet).

Dass viele Wege nach Rom führen, davon könnte sie, so sie sänge, unendliche Arien singen. Tut sie aber nicht. Seit jeher ist und erscheint sie ... betreten, schweigt also lieber und räkelt sich schlank und lang im Stiefel. Und so bleibt sie weiterhin, auch wenn es abwegig klingen mag: ein römisches Zielmittel. «

FELIX WOERTHER

Wenn Sie die Lösung wissen, besuchen Sie uns doch im Internet unter **www.merian.de/quiz** oder senden Sie uns eine E-Mail an **quiz@travel-house-media.de**
Unter den Einsendern verlosen wir Monat für Monat attraktive Preise. Viel Glück!

presented by **OLYMPUS**

Rundgang durch mehrere Jahrhunderte von der Piazza della Repubblica zum Pincio

Charakteristik: Bauwerke, Brunnen und Plätze zeugen davon, wie Päpste und Herrscher das Gesicht Roms geprägt haben. Besonders Architekturfans werden auf diesem Spaziergang begeistert sein. **Dauer:** 2–3 Stunden; **Einkehrmöglichkeit:** Das Caffè Greco (→S. 25) in der Via Condotti, das Caffè Notegen in der Via del Babuino (⋯⋯> S. 113, F 10); **Karte:** ⋯⋯> Umschlagkarte vorne, S. 114, C 15–S. 113, F 9

Stilvolle Einkehr: Das Caffè Greco ist das älteste Kaffeehaus Roms.

Als prachtvollstes Eingangstor vom Bahnhof Roma Termini zur Innenstadt wurde die Piazza della Repubblica Ende des 19. Jh. angelegt. Die Mitte des Platzes ziert die **Fontana delle Naiadi**, gegenüber der Exedra liegen in Teilen der ehemaligen Thermen des Diokletian Michelangelos Kirche **Santa Maria degli Angeli** und das **Museo Nazionale Romano**. Rechts an der Piazza San Bernardo sprudelt die monumentale **Fontana del Mosè**, die Domenico Fontana 1587 als Endpunkt des Acquedotto Felice für Papst Sixtus V. in Form eines Triumphbogens errichtete.

Wir biegen nun links in die **Via XX Settembre** ein und kehren damit in die Zeit der Stadterneuerung nach 1871 zurück. Ein gutes Beispiel für diese Urbanisierung bildet der riesige Neorenaissancebau des Verteidigungsministeriums auf der linken Straßenseite. Am Ende der Via kommt wieder Sixtus V. zum Zuge. Seine Vorstellung von Stadtplanung zeigt die Vierbrunnen-Kreuzung (**Quadrivio delle Quattro Fontane**) mit den Brunnenfiguren, die Tiber und Arno, Diana und Juno verkörpern. Endlos lang zieht sich rechts die Fassade des **Quirinalspalastes** hin. Auf der linken Straßenseite bieten **San Carlo alle Quattro Fontane**, ein barockes Meisterwerk von Borromini, und **Sant' Andrea al Quirinale**, das bezaubernde späte Opus von Bernini, mehr Abwechslung.

Und schon wieder Sixtus V.! Er ließ die beiden 5,6 m hohen Dioskuren Castor und Pollux aus den einst hier gelegenen Thermen Konstantins

Spaziergänge

restaurieren und in der Mitte der Piazza del Quirinale aufstellen. Der **Palazzo del Quirinale** und der **Palazzo della Consulta** bilden den Hintergrund, vor dem sich die Stadt ausbreitet.

Trevi-Brunnen ···≽ Pincio

Wir steigen nun die Via della Dataria hinunter und biegen rechts in die Via San Vincenzo ein. Die Menschenmassen weisen den Weg zu Roms berühmtestem Brunnen, der **Fontana di Trevi** 👫. Die Via dei Crociferi bringt Sie zum Eingang der **Einkaufs-Galleria Alberto Sordi (ex Colonna)**. An der Piazza Colonna sitzt Italiens Regierungschef im **Palazzo Chigi**, nebenan im **Palazzo Montecitorio** tagen Italiens Abgeordnete.

Langsam bummeln wir nun den Corso hinauf, der seit der Antike als Einkaufsmeile dient. Wir biegen nun rechts in die **Via Condotti** ein, die Straße der Alta Moda in Rom, in der auch das älteste Café der Stadt, das Caffè Greco liegt. Die Spanische Treppe kommt ins Blickfeld, die Doppeltürme der Kirche **Trinità dei Monti** als fotogenes Motiv darüber. Über die Antiquitätenmeile Via del Babuino spazieren wir weiter. Achten Sie auf die namengebende kleine **Fontana del Babuino** bei der Kirche **Sant' Atanasio** – eigentlich handelt es sich ja um einen antiken Faun, den die Römer aber so hässlich finden wie einen Affen (»babuino«). Für eine Pause zu jeder Tageszeit eignet sich das alteingesessene Café Notegen (Nr. 159).

Für das Heilige Jahr 2000 erhielt auch eine der gelungensten Platzgestaltungen Roms, die **Piazza del Popolo**, einen neuen Anstrich. Von hier steigen wir auf den Pincio hinauf und genießen vor dem **Piazzale Napoleone** 👫 einen der schönsten Blicke auf die Ewige Stadt.

Der berühmteste Brunnen Roms, die Fontana di Trevi, befindet sich auf der kleinen gleichnamigen Piazza. Die Besucher drängen sich wie in einem Theater auf den steinernen Stufen, einige träumen sicher von Anita Ekberg ...

Jüdisches und volkstümliches Rom im Ghetto und in Trastevere

Charakteristik: Der Rundgang führt zunächst ins jüdische Leben Roms, danach in das Viertel Trastevere, das einen charmanten Gegensatz zu den von Macht und Herrschaft geprägten Stadtteilen Roms bildet. **Dauer:** 2–3 Stunden; **Einkehrmöglichkeit:** Die Osteria Pane e Vino San Daniele an der Piazza Mattei (Mo–Sa 9.30–2 Uhr, ⋯▷ S. 117, F 17), die Taverna del Ghetto (⋯▷ S. 117, F 17) und die Enoteca Ferrara an der Piazza Trilussa (⋯▷ S. 117, E 17, nur abends geöffnet); **Karte:** ⋯▷ S. 88

Ausgangspunkt des Spaziergangs ist der **Largo di Torre Argentina**. Die vier ausgegrabenen Tempel bilden die größten Reste aus der republikanischen Epoche und entstanden Anfang des 3. Jh. bis Ende des 2. Jh. v. Chr. Nur wenige Schritte weiter führt die Via Paganica zu kunstvollen Schildkröten. Die Tartarughe der **Fontana delle Tartarughe** 🏳️‍🌈 setzte Bernini auf die elegante Brunnenanlage von Giacomo Della Porta.

Ghetto ⋯▷ Tiberinsel

Nach einer Stärkung mit original San Daniele Schinken im Pane e Vino geht es durch die enge Via della Reginella hinein ins Ghetto zur **Via del Portico d'Ottavia**, noch heute Zentrum des jüdischen Lebens in Rom. Hier finden Sie spezielle Kuchen, koschere Pizzas,

Das Krankenhaus auf der Tiberinsel, das der Hospitalorden der Barmherzigen Brüder leitet, wurde bereits im Jahr 1538 gegründet.

Fastfood und Restaurants mit Gerichten der jüdisch-römischen Kochtradition, etwa die sympathische Taverna del Ghetto (Fr Abend und Sa Mittag geschl.). Die Pasticceria Boccione bäckt original jüdische Spezialitäten.

Tagsüber bildet eine der malerischsten Ecken der Stadt ein gern fotografiertes Motiv: der mächtige Rest des einst 132 m langen und 110 m breiten **Portico d' Ottavia**. Kaiser Augustus restaurierte 27–23 v. Chr. den bereits im Jahr 146 v. Chr. angelegten Bogengang und widmete ihn seiner Schwester Ottavia. Heute dient er als Eingang zur Kirche **Sant' Angelo in Pescheria**, in der sich die Juden des Ghettos ab 1287 zwangsweise Predigten anhören mussten, um sie zu bekehren – erst 1847 wurden sie davon befreit! Hinter dem Portikus öffnet sich das zweitgrößte Theater im antiken Rom, das **Teatro di Marcello** mit 15 000 Plätzen. An der **Synagoge** mit dem **Museo Ebraico** vorbei geht es über Roms älteste noch benutzte Brücke, den aus dem 1. Jh. v. Chr. stammenden **Ponte Fabricio**, auf die Tiberinsel. Der **Ponte Cestio** stammt noch aus römischen Zeiten und bringt Sie anschließend hinüber nach **Trastevere**.

MERIAN-Tipp
10 Trastevere

Schlendern Sie ein wenig durch das Viertel und entdecken Sie das Dorf, das sich mitten in der Großstadt Rom verbirgt. Vom Ponte Cestio führt ein kurzer Abstecher zu einer der ältesten Basiliken des Viertels. Der hübsche Garten von **Santa Cecilia** lädt zu längerem Verweilen ein, bevor man die berühmte liegende Figur der Heiligen von Maderno in der Kirche bewundert. Zur echten Flaniermeile entwickelte sich die Via della Lungaretta mit ihren Einkehr- und Einkaufsmöglichkeiten. Mit der Piazza Santa Maria in Trastevere öffnet sich an ihrem Ende einer der schönsten Plätze des Viertels. Die Mosaiken an der Fassade der ältesten Marienkirche Roms, **Santa Maria in Trastevere**, sind sehenswert. Einen Einblick in die Welt der kleinen Leute, in das Rom des 18. und 19. Jh. gibt das interessante **Museo in Trastevere** (tgl. außer Mo 10–19 Uhr) an der **Piazza Sant' Egidio**. Kleine nette Lokale warten in den Gässchen zum Fluss hin, etwa die Enoteca Ferrara an der Piazza Trilussa.

Die Via Appia – Katakomben und antike Villen an der Königin der Straßen

Charakteristik: Antike Grabmonumente und weite Blicke in die römische Campagna, hohe Schirmpinien und endlos sich hinziehende Bögen der alten Aquädukte: Wer kennt sie nicht, die Gemälde und Stiche der Romantiker, ihre Beschreibungen der »Regina Viarum«, der Königin der Straßen; **Dauer:** mindestens ein halber Tag, nur an Sonn- und Feiertagen, zu Fuß oder mit dem Fahrrad; **Einkehrmöglichkeiten:** Cecilia Metella, Via Appia Antica 125 (gegenüber der Kirche San Sebastiano), Tel. 06 513 67 43, Mo geschl., ⤳ S. 91. Appia Antica Caffé bei der Tomba di Cecilia Metella; **Auskunft:** Um die Via Appia Antica entstand ein 3500 ha umfassender Regionalpark; Infocenter: Cartiera Latina, Via Appia Antica 58/60, Tel./Fax 0 65 13 53 16, Mo–Sa 9.30–13.30, 14–17.30, So, Fei 9.30–17.30, im Winter bis 16.30 Uhr, www.parcoappiaantica.org; an Sonn- und Feiertagen ist die Via Appia Antica für den privaten Autoverkehr von 9–18 Uhr (im Winter bis 17 Uhr) gesperrt; Fahrradverleih tgl. u. a. am Infocenter; **Öffentliche Verkehrsmittel:** Ab Metro-Station Piramide (c 3) Bus 118; ab Metro-Station Colli Albani (d 3) Bus 660, ab Metro-Station San Giovanni (d 3) Bus 218, Archeobus (→ Stadtrundfahrten, S. 106); **Karte:** ⤳ S. 91

Der Zensor Appius Claudius setzte sich mit dem Bau der ersten großen römischen Heeresstraße 312 v. Chr. ein bleibendes Denkmal. Fast schnurgerade führte sie zunächst bis Capua, 268 v. Chr. dann bis Benevent und endlich 191 v. Chr. bis Brindisi, dem wichtigsten Orienthafen des römischen Reiches. Jede der 365 römischen Meilen bis dorthin markierte ein Meilenstein. Auf der 4,10 m (= 14 römische Fuß) breiten Trasse, die links und rechts jeweils Bürgersteige flankierten, konnten bequem zwei Wagen aneinander vorbei.

Da innerhalb der Stadt keine Toten begraben werden durften, legte man die Grabstätten an den großen Ausfallstraßen an. So entstanden auch entlang der Via Appia unzählige Grabmonumente, die Status und Reichtum ihrer Erbauer spiegeln. Nicht nur Antikenfans zieht es zu diesen Grabbauten und den Resten der antiken Vorstadtvillen, auch gläubige Christen wandern die Via Appia entlang zu den Gräbern der christlichen Märtyrer, die in den Katakomben (→ S. 41) ihre letzte Ruhestätte fanden.

Die Heeresstraße begann einst an der Porta Capena (Piazza Numa Pompilio), dem Stadttor der republikanischen Mauern. Sie führt heute unter dem Namen Via di San Sebastiano bis zum gleichnamigen Stadttor der 271 errichteten Aurelianischen Mauer und dem hier untergebrachten Mauermuseum (→ S. 52). Ca. 100 m hinter der **Porta San Sebastiano** sieht man rechter Hand eine Kopie des **1. Meilensteins** (Original auf dem Kapitol). Ebenfalls rechts erreicht man das **Infocenter der Via Appia**, links das **Kirchlein Domine Quo Vadis?**. Es wurde an der Stelle errichtet, an der Jesus dem aus Rom vor den Christenverfolgungen flüchtenden Petrus erschienen sein soll. Auf die Frage »Herr, wohin gehst Du?« (Domine, quo vadis?) soll Jesus gesagt haben »Nach Rom, um mich ein zweites Mal kreuzigen zu lassen«. Daraufhin kehrte Petrus beschämt um und nahm den Märtyrertod auf sich.

Vorbei an den **Catacombe di San Callisto** (→ S. 42) und **di San Sebastiano** (→ S. 42) unter der prächtigen **Barockkirche San Sebastiano**, die auch die Fußabdrücke Jesus' von der Domine Quo Vadis?-Episode beherbergt, erreicht man den ersten größeren Baukomplex: **Circo** und **Villa di**

Massenzio (Via Appia Antica 153). Zu den bekanntesten Bauwerken der Via Appia zählt die runde **Tomba di Cecilia Metella**, ein 50 v. Chr. errichtetes Grabdenkmal (Via Appia Antica 161, Di–So 9–2 Std. vor Sonnenuntergang, Eintritt s. Terme di Caracalla, → S. 66). Dank der Umwandlung in eine Festung im 11. Jh. blieb ihm das Schicksal so vieler Monumente der Straße erspart: in Mittelalter und Renaissance als Steinbruch und Kalklieferant für zeitgenössische Gebäude zu dienen. Zwischen dem 4. und dem 5. Meilenstein lassen zahlreiche erhaltene **Grabdenkmäler** die einstige romantische Atmosphäre der Via Appia noch erahnen. Nach dem 5. Meilenstein folgt links mit der aus dem 2. Jh. stammenden **Villa dei Quintili** eine der größten Anlagen entlang der Straße (Eingang Via Appia Nuova 1092, geöffnet wie Tomba di Cecilia Metella). Spazieren Sie einfach weiter und tauchen Sie in die Atmosphäre der römischen Campagna ein …

Ausflüge in die Umgebung

Ostia Antica

Charakteristik: Spaziergang unter Schirmpinien; **Dauer:** 1 Tag; **Einkehrmöglichkeit:** Auf dem Grabungsgelände, beim Museum, liegt eine Caffetteria; **Anfahrt:** Mit dem Auto: auf der Autobahn 201 oder über die Via del Mare/Via Ostiense. Mit der S-Bahn: An der Metro-Station Piramide (b 3) fahren die S-Bahnen (Ferrovie urbane COTRAL) nach Ostia (a 4) ab. Der Bahnhof Ostia Antica liegt in der Nähe der Ausgrabungen; **Auskunft:** Infostand am Ausgrabungsgelände. Tel. 06/56 35 80 99

Still und ruhig ruht die alte Hafenstadt Roms unter schattigen Pinien. Einst mündete der Tiber hier ins Tyrrhenische Meer, und die Ende des 5./Anfang des 4. Jh. v. Chr. gegründete Stadt versorgte Rom über den Fluss mit allen Gütern des weiten Imperiums. 50 000 Einwohner lebten und arbeiteten in der Blütezeit des Hafens in Ostia Antica.

Die antike Stadt erlaubt einen schönen Einblick in das römische Alltagsleben der einfacheren Leute. Mehrstöckige Mietskasernen, so genannte **Insulae**, charakterisieren das Straßenbild. Eine Taverne (»Thermopolium«), wo noch der Verkaufstisch und die Wandmalereien mit den angebotenen Speisen erhalten sind, ein Schlachthof (»Macellum«) eine »Fullonica« (Wäscherei und Färberei), Fischgeschäfte (»Tabernae di pescivendoli«) mit Meeresmosaiken finden sich in den Seitenstraßen. Auf dem Forum standen die Tempel und die Basilika für die Gerichtsverhandlungen, mehrere Thermen liegen über das Stadtgebiet verstreut.
Scavi di Ostia Antica;
www.itnw.roma.it/ostia/scavi;
Di–So 8.30–17, während der Sommerzeit bis 19 Uhr (Kasse 18 Uhr); Eintritt 6,50 €, Ermäßigungen → staatl. Museen S. 69

Tivoli

Charakteristik: Künstlich geschaffene und natürliche Wasserspiele; **Dauer:** 1 Tag; **Einkehrmöglichkeit:** Adriano, Via di Villa Adriana 194 (an der Anfahrtstraße zur Villa Adriana); **Anfahrt:** Autostrada A24/E80 Roma – L'Aquila, Tivoli ist ausgeschildert; **Auskunft:** I.A.T., Vicolo del Barchetto, Tel. 07 74 33 45 22, Fax 07 74 33 12 94; www.aptprovroma.it, www.tibursuperbum.it

Kaiser Hadrian (117–138), Kardinal Ippolito II. d' Este (1509–72) und Papst Gregor XVI. (1831–46) hinterließen der Nachwelt drei traumhafte Villen- und Parkanlagen in der Sommerfrische Tivoli. Tosend laut stürzt die Grande Cascata 108 m in die Tiefe: Die insgesamt 160 m überbrückenden Wasserfälle des Aniene liegen innerhalb der **Villa Gregoriana**.

Noch mehr Wasser wartet in der **Villa d'Este**. Über 500 Wasserspiele speist der Aniene in diesem barocke Lebensfreude ausdrückenden Park.

Mit der **Villa Adriana** findet sich eine weitere grandiose Villa etwa 6 km außerhalb von Tivoli. Hadrian (117–138) baute mehr als 20 Jahre an der größten aller kaiserlichen Villen.
Villa d' Este: Di–So ab 8.30, Nov.–Jan. bis 17, Feb. bis 17.30, März bis 18.15, April bis 19.30, Mai–Aug. bis 19.45, Sept. bis 19.15, Okt. bis 18.30 Uhr; Eintritt 6,50 €, für Bürger der EU unter 18 und über 65 Jahren gratis, zwischen 18 und 25 Jahren 3,50 €; www.villadestetivoli.info
Villa Gregoriana tgl. außer Mo, März, Okt.–Nov. 10–14.30, April–Okt. 10–18.30 Uhr; Eintritt 4 €, Familie 10 €, Kinder 4–12 Jahre 2,50 €; www.villagregoriana.it
Villa Adriana: tgl., Nov.–Feb. 9–17, März und Okt. bis 18.30, April–Sept. bis 19, Mai–Aug. bis 19.30 Uhr; Eintritt 6,80 €, für Bürger der EU unter 18 und über 65 Jahren gratis, zwischen 18 und 25 Jahren 3,25 €; www.villaadriana.com

KOLOSSAL VIELE TIPPS.

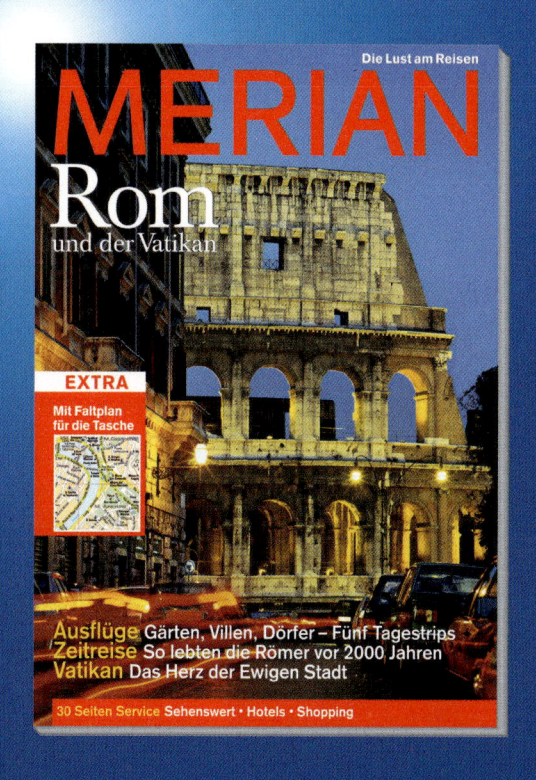

MERIAN
Die Lust am Reisen

Rom und der Vatikan

EXTRA
Mit Faltplan für die Tasche

Ausflüge Gärten, Villen, Dörfer – Fünf Tagestrips
Zeitreise So lebten die Römer vor 2000 Jahren
Vatikan Das Herz der Ewigen Stadt
30 Seiten Service **Sehenswert • Hotels • Shopping**

| MERIAN | live! | guide | kompass | scout | map |

Alte Pracht und neues Design, urige Trattorien und elegante Flaniermeilen, Sixtinische Kapelle und Szenetreffs: Rom aus neuen Perspektiven! MERIAN bietet Reportagen von exzellenten Fotografen und den besten Autoren der Welt – mit aktuellen Informationen, nützlichen Tipps und umfangreichem Kartenmaterial. Für anspruchsvolle Reisende, die das Erlebnis für alle Sinne suchen. **IM GUTEN BUCH- UND ZEITSCHRIFTENHANDEL ODER UNTER TELEFON 0 40/87 97 35 40 UND WWW.MERIAN.DE**

MERIAN
Die Lust am Reisen

Wissenswertes über Rom

Vom Aventin aus sieht man die vielen Kuppeln und Türme der Stadt und natürlich auch das berühmte Monumento a Vittorio Emanuele II (→ S. 51).

Infos zu Anreise und Fortbewegung vor Ort, die wichtigsten italienischen Redewendungen, die Geschichtsdaten Roms und was man sonst noch wissen sollte für die Reise in die Ewige Stadt.

Jahreszahlen und Fakten im Überblick

753 v. Chr.
»Rom schlüpft aus dem Ei«. Romulus und Remus, die beiden von einer Wölfin genährten Söhne des Mars, gelten als legendäre Stadtgründer.

7. Jh. v. Chr.
Die Etrusker aus der Toskana dehnen ihre Macht auch über Rom aus.

Um 600 v. Chr.
Die etruskischen Könige erbauen die Regia (Königspalast) auf dem einst sumpfigen Forum Romanum.

Ende 6. Jh. v. Chr.
Der erste Tempel für die römische Göttertrias Jupiter, Juno und Minerva wird auf dem Kapitol errichtet.

509 v. Chr.
Nach der Vertreibung der etruskischen Könige wird Rom Republik. Der adelige Senat regiert die Stadt, an ihrer Spitze stehen zwei jährlich gewählte Konsuln. Die freien Bürger Roms, die Plebejer, fordern Beteiligung an der Regierung der Patrizier.

5. Jh. v. Chr.
Rom wird führende Macht in Latium.

396 v. Chr.
Rom unterwirft die Etruskerstadt Veji und beginnt damit die Eroberung Mittelitaliens.

390 v. Chr.
Die Gallier plündern Rom. Die Stadt erhält daraufhin ab 378 v. Chr. ihren ersten Mauerring (Mura Severiane).

300 v. Chr.
Die Plebejer werden an der öffentlichen Macht beteiligt.

240 v. Chr.
Nach dem 1. gewonnenen Krieg gegen Karthago fällt Sizilien an Rom.

146 v. Chr.
Die römische Herrschaft wird auf Spanien und Griechenland ausgedehnt.

58–51 v. Chr.
Cäsar erobert Gallien und regiert wie ein Alleinherrscher.

44 v. Chr.
Cäsar wird von Verschwörern ermordet. Den Kampf um die Nachfolge gewinnt sein Adoptivsohn Augustus. Rund eine Million Menschen leben in Rom.

272
Die Aurelianische Stadtmauer wird errichtet, da Germanenstämme im Zuge der Völkerwanderung auch nach Italien vordringen.

330
Kaiser Konstantin verlegt die Hauptstadt des Imperiums von Rom nach Konstantinopel (Byzanz), Rom verfällt allmählich zur Provinzstadt, das Reich zerfällt in zwei Teile.

410
Rom wird von den Westgoten unter Alarich geplündert.

476
Nach der Absetzung des letzten weströmischen Kaisers in Ravenna herrschen in Rom die Ostgoten, bis der oströmische Kaiser Justinian 553 Italien zurückerobert.

568
Die Langobarden erobern Norditalien und Teile Süditaliens. Rom bleibt unter byzantinischer Verwaltung.

5.–7. Jh.
Die Päpste übernehmen in Rom langsam auch weltliche Funktionen. Nur noch ca. 50 000 Menschen leben in Rom.

800
Karl der Große wird an Weihnachten im Petersdom zum römischen Kaiser gekrönt. Die deutsche Schutzherrschaft über Rom beginnt.

1143/1144
Das Volk versucht vergeblich die kommunale Autonomie nach nord- und mittelitalienischem Vorbild zu gewinnen.

1300
Bonifaz VIII. ruft das erste Heilige Jahr aus und gründet drei Jahre später die Universität.

1309–1376
Während des päpstlichen Exils in Avignon leidet Rom unter einer schweren Wirtschaftskrise.

1418
Mit dem Ende des Großen Abendländischen Schismas regiert mit Martin V. erstmals seit 1378 wieder nur ein Papst.

Mitte 15.–Mitte 16. Jh.
Die Renaissance-Päpste verhelfen Rom zu einer großartigen Kulturblüte. Michelangelo, Raffael, Bramante arbeiten in der Stadt.

1545–1563
Das Konzil von Trient leitet die Gegenreformation ein.

17.–18. Jh.
Armut, Rückständigkeit und strenge Zensur kennzeichnen das päpstliche Rom.

1798
Im Zuge der Eroberung Italiens durch französische Revolutionstruppen wird auch in Rom für wenige Monate die Republik ausgerufen.

1814
Die Niederlage Napoleons bringt den Papst nach Rom zurück.

1870
Piemontesische Truppen dringen durch die berühmte Bresche bei der Porta Pia in Rom ein.

1871
Rom wird mit 200 000 Einwohnern Hauptstadt des geeinten Italien.

1922
Mussolini übernimmt mit seinem Marsch auf Rom die Macht in Italien. In Rom leben ca. 650 000 Einwohner.

9. 9. 1943
Deutsche Truppen besetzen nach dem Waffenstillstand Italiens mit den Alliierten Rom und deportieren die römischen Juden.

4. 6. 1944
Die Alliierten ziehen kampflos in Rom ein.

1960
Olympische Sommerspiele in Rom.

1975
Erstmals gewinnen die Linken die Wahlen zum Stadtrat und regieren bis 1987.

1994
Nach einer Wahlrechtsreform wird der Grüne Francesco Rutelli der erste direkt gewählte Bürgermeister Roms.

2001
Walter Veltroni wird an der Spitze des Mitte-Links-Bündnisses zum Bürgermeister gewählt.

2005
Josef Kardinal Ratzinger, ehemaliger Erzbischof von München und Freising, zieht als erster deutscher Papst seit rund 500 Jahren unter dem Namen Benedikt XVI. in den Vatikan ein.

2007
Roms Bürgermeister Walter Veltroni wird zum Vorsitzenden der neuen Links-Mitte-Partei PD gewählt.

Nie wieder sprachlos

Wichtige Wörter

ja	sì [sí]
nein	no [nó]
danke	grazie [grázie]
Wie bitte?	prego, come? [prégo, kóme]
Ich verstehe nicht.	non capisco [non kapísko]
Entschuldigung	scusa, scusi [skúsa, skúsi]
Hallo	ciao [tscháo]
Guten Morgen/ Guten Tag	buon giorno [buón dschórno]
Guten Abend	buona sera [buóna séra]
Auf Wiedersehen	arrivederci [arriwedértschi]
Ich heiße ...	mi chiamo ... [mi kiámo]
Ich komme aus ...	(io) vengo da ... [(ío) wéngo da]
– Deutschland.	– Germania. [dschermánia]
– Österreich.	– Austria. [aústria]
– der Schweiz.	– Svizzera. [swízzera]
Wie geht´s?	Come va? [kóme wá]
Danke, gut.	Bene, grazie. [béne, grázie]
wer, was, welcher	chi, (che) cosa, quale [kí, (ké) kósa, kuále]
wann	quando [kuándo]
wie viel	quanto [kuánto]
wie lange	per quanto tempo [per kuánto témpo]
Sprechen Sie deutsch/ englisch?	Lei parla il tedesco/l'inglese? [léi párla il tedesko/l'inglése]
heute	oggi [ódschi]
morgen	domani [dománi]
gestern	ieri [iéri]

Zahlen

eins	uno [úno]
zwei	due [dúe]
drei	tre [tré]
vier	quattro [kuáttro]
fünf	cinque [tschínkue]
sechs	sei [séi]
sieben	sette [sétte]
acht	otto [ótto]
neun	nove [nówe]
zehn	dieci [diétschi]
einhundert	cento [tschénto]
eintausend	mille [mílle]

Wochentage

Montag	lunedì [lunedí]
Dienstag	martedì [martedí]
Mittwoch	mercoledì [merkoledí]
Donnerstag	giovedì [dschiowedí]
Freitag	venerdì [wenerdí]
Samstag	sabato [sábbato]
Sonntag	domenica [doménika]

Unterwegs

rechts	destra [déstra]
links	sinistra [sinístra]
geradeaus	diritto [dirítto]
Wie weit ist es nach ...?	Quanto è distante ...? [kuánto é distánte]
Wie kommt man nach ...?	Come si arriva a ...? [kóme si arríwa a]
Wo ist ...	Dove è ... [dowe é]
– die nächste Werkstatt?	– l'officina più vicina? [l'offitschína piú vitschína]
– der Bahnhof?	– la stazione? [la stazióne]
– der Flughafen?	– l'aeroporto? [l'aeropórto]
– die Touristeninformation?	– l'informazione turistica? [l'informazióne turístika]
– die nächste Bank?	– la banca più vicina? [la bánka piú vitschína]
– die nächste Tankstelle?	– il distributore di benzina più vicino? [il distributóre di benzína]

Sprachführer

Bitte voll tanken! bleifrei	Pieno per favore! [piéno per fawóre] senza piombo/benzina verde [sénza piómbo/benzína wérde]
Wir hatten einen Unfall.	Abbiamo avuto un incidente. [abbiámo awúto ún intschidénte]
Wo finde ich ...	Dovo trovo ... [dówo trówo]
– einen Arzt?	un medico? [un médiko]
– eine Apotheke?	una farmacia? [una farmatschía]
Eine Fahrkarte nach ... bitte!	Per favore, un biglietto per ...! [per fawóre, un biliétto per]

Übernachten

Ich suche ein Hotel.	Cerco un albergo. [tschérko un albérgo]
Ich suche ein Zimmer für ... Personen.	Cerco una camera per ... persone. [tschérko una kámera per ... persóne]
Haben Sie noch Zimmer frei ...	Lei ha ancora una camera libera ... [léi á ankóra una kámera líbera]
– für eine Nacht?	– per una notte? [per una nótte]
– für zwei Tage?	– per due giorni? [per due dschiórni]
– für eine Woche?	– per una settimana? [per una settimána]
Ich habe ein Zimmer reserviert.	Ho prenotato una camera. [o prenotáto una kámera]
Wie viel kostet das Zimmer ...	Quanto costa la camera ... [kuánto kósta la kámera]
– mit Frühstück?	– con prima/piccola colazione? [kon príma/píkkola kolazióne]
– mit Halbpension?	– con mezza pensione? [kon mézza pensióne]
Ich nehme das Zimmer.	Sì, la prendo. [sí, la préndo]
Kann ich mit Kreditkarte zahlen?	Posso pagare con la carta di credito? [pósso pagáre kon la kárta di krédito]
Ich möchte mich beschweren.	Devo reclamare. [déwo reklamáre]
funktioniert nicht	non funziona [non funzióna]

Essen und Trinken

Die Speisekarte bitte!	Il menu, per favore! [il menú, per fawóre]
Die Rechnung bitte!	Il conto, per favore! [Il kónto, per fawóre]
Ich hätte gern ...	Vorrei ... [worréi]
Auf Ihr Wohl!	Cincin! [tschintschin]
Wo finde ich die Toiletten (Damen/Herren)?	Dove trovo i gabinetti (donne/uomini)? [dowe trowo i gabinétti (dónne/uómini)]
Kellner/-in	cameriere/-a [kameriére/-a]
Frühstück	prima/piccola colazione [príma/píkkola kolazióne]
Mittagessen	pranzo [pránzo]
Abendessen	cena [tschéna]

Einkaufen

Wo gibt es ...?	Dove è ... [dowe é]
Haben Sie ...?	Lei ha ...? [léi á]
Wie viel kostet ...?	Quanto costa ...? [kuánto kósta]
Das ist zu teuer.	Costa troppo. [kósta tróppo]
Das gefällt mir/gefällt mir nicht.	Questo mi piace/non mi piace. [quésto mi piátsche/nón mi piátsche]
Ich nehme es.	Lo prendo. [lo préndo]
geöffnet/geschlossen	aperto/chiuso [apérto/kiúso]

Die wichtigsten kulinarischen Begriffe

Im Restaurant

Die Rechnung bitte	*Il conto, per favore*
Ich hätte gern einen Kaffee	*Vorrei un caffè*
Wo finde ich die Toiletten? (Damen/Herren)	*Dove trovo i gabinetti? (Signore/Signori)*
Kellner	*cameriere*
Frühstück	*prima (piccola) colazione*
Mittagessen	*colazione (pranzo)*
Abendessen	*cena*

A
abbacchio: Lamm aus dem Backofen
acciughe: Sardellen
aceto: Essig
aglio: Knoblauch
agnello: Lamm
agnolini: gefüllte Teigtaschen
amaro: Magenbitter
anatra: Ente
aragosta: Languste
aranciata: Orangenlimonade
arrosto: gebraten, Braten
arrosto di vitello al latte: mit Speck gespicktes Kalbsgericht

B
bagna càuda: Soße aus Butter, Knoblauch, Öl, Gewürzen
bagosso: Käse aus Kuhmilch
biscotto: Keks
bistecca: Beefsteak, Schnitzel
bistecca milanese: Wiener Schnitzel
bocconcini: Häppchen, Gulasch
bollito: gekochtes Fleisch
braciola: Kotelett, Rippenstück
brasato: gespickter Rinderbraten
bresaola: luftgetrocknetes Rind- oder Gämsenfleisch
bruschetta: mit Öl und Knoblauch geröstetes Brot
burro: Butter
busecca: Kuttelsuppe mit Suppengrün oder Bohnen

C
cacio: (Schafs-)Käse
cannelloni: Teigröllchen aus dem Ofen
capperi: Kapern
caprese: Mozzarella und Tomaten
capretto al barolo: Ziegenfleisch in Barolowein
carciofi: Artischocken
carne: Fleisch
ceci: Kichererbsen
cervello: Hirn
cicerchie: Platterbsen
cipolle ripiene di magro: pikant gefüllte Zwiebeln
coda alla vaccinara: Ochsenschwanz
colazione: Frühstück
coniglio: Kaninchen
cotoletta alla milanese: paniertes Kalbsschnitzel
crocchette di patate: Kroketten
crostata: Obsttorte

D
dolce: süß, Süßspeise

E
erbe: Kräuter

F
fagioli: Bohnen
fagiolini: grüne Bohnen
fegato: Leber
finocchio: Fenchel
formaggio: Käse
forno (al): im Ofen gebacken
fragola: Erdbeere
frappé: Milchshake
fritto: gebacken, frittiert
fritto misto: gebackene Fische
frutti di mare: Meeresfrüchte
funghi: Pilze
funghi porcini: Steinpilze
fusilli: kleine Schraubennudeln

G
gambero: Krebs
gelato: Eis

ghiaccio: Eiswürfel
gnocchi: kleine Nockerl aus Kartoffelteig oder Grieß

I

insalata di tartufi: dünne Pilz- und Trüffelscheiben mit Zitrone
involtini: kleine Rouladen

L

lattuga: Kopfsalat
lenticchie: Linsen
linguine: schmale Nudeln
lombata: Lendensteak

M

maiale: Schwein
mandorla: Mandel
manzo: Rindfleisch
mela: Apfel
melanzane: Auberginen
miele: Honig
minestra: Suppe
minestrone: Gemüsesuppe
morbido: weich, mürbe

N

nasello: Seehecht
noce: Nuss

O

olio: Öl
orecchiette: Öhrchennudeln
ossobuco: Kalbshaxe mit Gemüse

P

paglia e fieno: Heu und Stroh, grüne und weiße Bandnudeln
pajata: Gedärm des Milchlamms
pane: Brot
panna: Sahne
parmigiano: Parmesankäse
patate: Kartoffeln
patate fritte, patatine: Pommes frites
pepe: Pfeffer
peperoncino: scharfe Paprikaschoten, Peperoni
pesce: Fisch
pesce spada: Schwertfisch
pesto alla genovese: Basilikumsauce
piselli: Erbsen
polenta: Maisbrei
pollo: Hähnchen
porchetta: Spanferkel
prosciutto (crudo, cotto): Schinken (roh, gekocht)

R

ragù: Ragout, Fleischsauce
riso: Reis
rombo: Steinbutt

S

sale: Salz
salmone: Lachs
saltimbocca: Kalbsmedaillons mit Salbei
scaloppine: Schnitzelchen
seppie: Tintenfische
sogliola: Seezunge
spezzatino: Gulasch
spiedo, spiedino: Spieß
spremuta: frisch gepresster Saft
spuntino: Kleinigkeit, Brotzeit
stracciatella: Bouillon mit Ei, auch Eis mit Schokosplittern
stufato: Rinderschmorbraten mit Kräutern
supplì: frittierte Reisbällchen

T

tacchino: Truthahn
tartufo: Trüffel, Trüffeleis
tè al limone: Tee mit Zitrone
tè con latte: Tee mit Milch
timballo: Nudelauflauf
tonno: Tunfisch
tramezzino: Sandwich
trifolato: getrüffelt
trippa alla romana: Kutteln
tròta: Forelle

U

uovo: Ei
uovo strapazzato: Rührei
uva: Trauben

V

verdura: Gemüse
vino bianco: Weißwein
vino di casa: Hauswein
vino rosso: Rotwein
vitello tonnato: Kalbfleisch in Tunfischsauce

Nützliche Adressen und Reiseservice

AUF EINEN BLICK
Einwohnerzahl: 2 547 000
Fläche: 1290 km², davon Città del Vaticano: 0,44 km²
Religion: 98 % katholisch
Verwaltungseinheiten: 22 innere Stadtviertel (»rioni«), 41 äußere Stadtviertel (»quartieri«) und 6 Vorstädte (»borgate«)

ANREISE

Mit dem Auto
Aus dem Norden erfolgt die Anreise über die Autostrada del Sole (A 1), auf die bei Mailand die Autobahn von Chiasso, bei Modena die Brenner-Autobahn und bei Bologna die Autobahn vom Grenzübergang Tarvis einmündet. Autobahnen sind in Italien mautpflichtig. Aus welcher Richtung man auch anreist, unweigerlich gelangt man auf den **Grande Raccordo Anulare** (abgekürzt **G.R.A.**), den Autobahnring rund um Rom. Die Ausfahrten sind von 1 bis 36 durchnummeriert. Man folgt den Schildern »Roma Centro«, um die richtige Abfahrt zur Stadtmitte zu finden.

Falls Sie mit dem Auto nach Rom kommen, sollten Sie bedenken, dass die Innenstadt, die so genannte **ZTL** (Zona a Traffico Limitato), Mo–Fr von 6.30–18 und Sa von 14–18 Uhr, das Viertel San Lorenzo Mi–Sa von 20–3 Uhr (von Nov.–April nur Fr, Sa), Trastevere Fr, Sa von 21–3 Uhr sowie das Centro Storico Fr, Sa von 23 bis 3 Uhr für den privaten Autoverkehr gesperrt ist (alle außer Aug.). Falls sich Ihr Hotel in diesem Bereich befindet, können Sie natürlich passieren.

Parkplätze kosten umso mehr, je näher die dem Stadtzentrum liegen, in der blauen Zone etwa 1 € pro Stunde. In folgenden öffentlichen, relativ zentrumsnahen Parkhäusern kann man sein Auto auch mehrere Tage stehen lassen: Park Si – Villa Borghese, Viale del Muro Torto (16 €/Tag); Parking Ludovisi, Via Ludovisi 60 (18 €/Tag); Parcheggio Auditorium, Viale Maresciallo Pilsudski 21 (11 €/Tag); Parking Piazzale Partigiani, Piazzale dei Partigiani (5 €/6–23 Uhr, beim Bahnhof Roma Ostiense).

Mit der Bahn
Tägliche Direktzüge fahren von Deutschland (München), der Schweiz (Basel, Genf, Zürich) und Österreich (Innsbruck, Wien) in die Ewige Stadt. Sie kommen am Hauptbahnhof Stazione Roma Termini an. Nationale und lokale Züge halten auch an anderen römischen Bahnhöfen, etwa Roma San Pietro, Trastevere, Ostiense, Tuscolana und Tiburtina. Am Hauptbahnhof **Roma Termini**, der mitten in der Innenstadt liegt, hat man Anschluss zur U-Bahn (**Metro**), zur S-Bahn (**Ferrovia urbana COTRAL** und **Ferrovia metropolitana**) sowie zu den wichtigsten Buslinien. Vor dem Bahnhof fahren die weißen Taxis ab (Warteschlangen).

Mit dem Flugzeug
Tägliche Direktflüge verbinden Berlin, Düsseldorf, Hamburg, Köln/Bonn, Stuttgart, Frankfurt, München, Wien, Zürich und Genf sowie mehrmals wöchentlich Lugano, Münster/Osnabrück und Nürnberg mit dem **Flughafen Leonardo da Vinci** in Fiumicino (26 km von Rom). Täglich wird auch der **Flughafen Ciampino** (15 km von Rom) von Baden-Baden, Berlin/Schönefeld, Frankfurt/Hahn, Genf sowie mehrmals wöchentlich von Basel, Dortmund/Wickede, Niederrhein und Hannover angeflogen. Beide Flughäfen: www.adr.it. Eine direkte S-Bahn verbindet den Flughafen Leonardo da Vinci mit dem Bahnhof Roma Termini (Fahrtzeit 31 Min., Preis 11 €, ab 5.52 Uhr, dann alle 30 Min. bis um 22.52 Uhr; ab Fiumicino 6.35 Uhr,

dann alle 30 Min. bis 23.35 Uhr). Stündlich (in den Stoßzeiten alle 15 Min.; So halbstündlich) fahren Züge vom Flughafen über die Bahnhöfe Trastevere, Ostiense (gute Anschlüsse zur Innenstadt) und Tuscolana zum Bahnhof Roma Tiburtina (Fahrtzeit 39 Min., Preis 5 €, ab 5.57 bis 23.27 Uhr; von Tiburtina ab 5.05 bis 22.33 Uhr). Vom Flughafen Ciampino verkehren Shuttlebusse zum Bahnhof Roma-Termini (6 €) sowie Nachtbusse ins Zentrum.

Die Taxipreise von Rom zu den Flughäfen Fiumicino (40 €) und Ciampino (30 €) für 4 Personen und Gepäck legte der Bürgermeister fest.

Auskunft
Infos im Heimatland:
Italienische Zentrale für Tourismus ENIT; www.enit.it, www.enit-italia.de, www.enit.at, www.enit.ch
Info-Büros:
- D-10117 Berlin, Friedrichstr. 187; Tel. 0 30/2 47 83 98, Fax 2 47 83 99; enit-berlin@t-online.de
- D-60329 Frankfurt/Main, Kaiserstr. 65; Tel. 0 69/23 74 34, Fax 23 28 94; enit.ffm@t-online.de
- D-80333 München, Lenbachplatz 2; Tel. 0 89/53 13 17, Fax 53 03 69; enit-muenchen@t-online.de
- A-1010 Wien, Kärntner Ring 4; Tel. 01/5 05 16 39, Fax 5 05 02 48; delegation.wien@enit.at
- CH-8001 Zürich, Uraniastr. 32; Tel. 0 43/4 66 40 40, Fax 0 43/4 66 40 41; info@enit.ch

APT – Azienda di Promozione Turistica
- Via Parigi 5, 00186 Roma ---> S. 114, C 15 Tel. 06 48 89 91, Fax 0 64 74 16 47; www.romaturismo.it, E-Mail: info@aptroma.com; Mo-Sa 9–19 Uhr
- Flughafen Leonardo da Vinci tgl. 8.15–19 Uhr, Terminal B

Callcenter der Stadt Rom
Tel. 06 06 06 08, tgl. 9–19.30 Uhr; Infos zu Hotels, Restaurants, Museen etc.

Centro Servizi Pellegrini e Turisti (Pilger- und Touristenbüro des Vatikans)
Piazza San Pietro, linker Flügel; Tel. 06 69 88 16 62; www.vatican.va

Buchtipps
Die selbstbewusste Kommissarin Leda Giallo führt die Ermittlungen um den verschwundenen Bankinspektor Puccio in Andrea Isaris Krimidebüt »Römische Affären«; kulinarische Genüsse und Skizzen des römischen Alltags inbegriffen (Piper, 2003).

Durch Rom schweifen, en passant die Geschichte der Stadt serviert bekommen, hier bei einer Anekdote schmunzeln, dort Wissenswertes über einen Brunnen erfahren: »**Rom. Eine Einladung**« von Herbert Rosendorfer (Kiepenheuer & Witsch, 2003).

Carlo Emilio Gadda lässt in seinem Polizeiroman »**Die gräßliche Bescherung in der Via Merulana**« die kleinbürgerliche Welt der Stadt in den ersten Jahren des Faschismus auferstehen (Piper, 1988).

Bernhard Jaumann lässt in seinem sehr unterhaltsamen Romkrimi **Saltimbocca** weder die kulinarische Seite noch die eher versteckt liegenden Sehenswürdigkeiten der Stadt zu kurz kommen. Einen Einblick in den Alltag gibt's noch dazu. (Aufbau-Verlag 2007)

Diplomatische Vertretungen
Deutsche Botschaft und Deutsches Konsulat
Via San Martino della Battaglia 4; Tel. 06 49 21 31, Fax 0 64 45 26 72; www.rom.diplo.de

Deutsche Botschaft beim Heiligen Stuhl
Via di Villa Sacchetti 4; Tel. 06 80 95 11, Fax 06 80 95 12 27; www.vatikan.diplo.de

Österreichische Botschaft
Via Pergolesi 3; Tel. 0 68 44 01 41, Fax 0 68 54 32 86; www.austria.it

Schweizer Botschaft
Via Barnaba Oriani 61;
Tel. 06 80 95 71, Fax 0 68 08 85 10;
www.eda.admin.ch/roma

Feiertage

1. Januar	Neujahr
6. Januar	Heilige Drei Könige
Ostermontag	
25. April	Tag der Befreiung Italiens
1. Mai	Tag der Arbeit
2. Juni	Tag der Republik
29. Juni	Peter und Paul
15. August	Maria Himmelfahrt, »Ferragosto«
1. November	Allerheiligen
8. Dezember	Maria Empfängnis
25. und 26. Dezember	Weihnachten

Fundbüro

Ufficio oggetti smarriti (Städtisches Fundbüro)
Circonvalazione Ostiense 191;
Tel. 06 67 69 32 14;
Mo–Fr 8.30–13, Di auch 15–17,
Do 8.30–17 Uhr

Nebenkosten in Euro
^{B}an der Bar, ^{T}auf der Terrasse

- 1 Espresso … 0,70–1,50^B/3,00^T
- 1 Bier .. 2,10–3,60^B/3,60–8,00
- 1 Cola . 2,20–3,25^B/3,50–5,00^T
- 1 Pizzastück .... 2,50–4,50^B/3,50–7,00^T
- 1 Schachtel Zigaretten 3,20–4,10
- 1 Liter Benzin 1,33
- Fahrt mit Bus (Einzelfahrt) 1,00
- Mietwagen/Tag … ab ca. 70,00

Stand: Januar 2008

Geld

Der Euro ist offizielles Zahlungsmittel. 1 € entspricht ca. 1,60 sFr.
Kreditkarten nehmen alle besseren Hotels, Restaurants und Geschäfte. An fast allen Geldautomaten (Bancomat) kann man mit einer EC-Karte abheben. Banken haben meist von 8.30–13.30 Uhr und manche auch eine Stunde am Nachmittag geöffnet.

Internet

Die offizielle Website der Stadt Rom ist unter www.comune.roma.it zu erreichen. Informationen zu Kulturthemen und Events unter www.romecity.it und www.museidiroma.com. Unter www.romabeniculturali.it sind Museen und Sehenswürdigkeiten beschrieben sowie Öffnungszeiten aufgelistet. Die Tourist Information der Stadt bietet unter www.romaturismo.it spezielle Hinweise und Tipps für Urlauber und Gäste. An Archäologie Interessierte wendet sich www.aiac.org, religiöse Themen behandelt die Site www.pilgerzentrum.de. Der Vatikan stellt sich unter www.vatican.va vor, und zum Viertel San Lorenzo gibt es Informationen unter www.sanlorenzo.roma.it.

Medizinische Versorgung

Für Mitglieder einer gesetzlichen Krankenkasse ist die medizinische Versorgung in Italien kostenlos. Auskünfte und die neue Europäische Krankenversicherungskarte (oder vorläufige Ersatzscheine) erhalten Sie bei Ihrer Krankenkasse.
Der Deutsche Hilfsverein (Tel. 0 66 87 25 53) oder das Deutsche Konsulat (Tel. 06 49 21 31) helfen Ihnen bei der Suche nach einem deutschsprachigen Arzt.

Notruf

Polizei: 1 13
Carabinieri: 1 12
Unfallrettung: 1 18
Wenn das Auto abgeschleppt wurde: Depotverwaltung Valente, Via S. B. Valente 30, Tel. 06 25 20 96 42

Pannenhilfe
ACI (Automobilclub Italiano): Tel. 80 31 16
ADAC-Notruf in Italien: Tel. 02 66 15 91; (tgl. 0–24 Uhr)

Politik
Rom und Latium gelten in der politischen Landschaft als eher rechtsgerichtet. 1976 bekam Rom zum ersten Mal eine Mitte-Links-Regierung, die sich bis 1985 halten konnte. Als 1994 nach einer Wahlrechtsreform erstmals der Bürgermeister direkt gewählt wurde, gewann der Grüne Francesco Rutelli an der Spitze einer Mitte-Links-Koalition. Sein 2001 gewählter und 2006 bestätigter Nachfolger, der Linksdemokrat Walter Veltroni, wird ebenfalls von einer Mitte-Links-Koalition gestützt.

Post
Briefmarken erhält man in Postämtern und Tabacchi-Läden. Der Vatikanstaat druckt eigene Briefmarken. Post mit Vatikan-Briefmarken kann nur in die blauen Vatikanbriefkästen geworfen werden. Ins Ausland können Sie nur »posta prioritaria« (Vorzugspost) schicken. Das Porto von Italien in EU-Staaten und die Schweiz beträgt für eine Postkarte oder einen Brief (bis 20 g) 0,65 €, innerhalb Italiens mit »posta prioritaria« (Ankunft in 3 Tagen) 0,60 €. Das Hauptpostamt an der Piazza San Silvestro (Nähe Via del Corso) ist Mo–Sa 8–19 Uhr geöffnet.

Reisedokumente
Auch nach Wegfall der Grenzkontrollen braucht man einen gültigen Personalausweis, um sich auszuweisen. Für Autofahrer ist die grüne Versicherungskarte empfehlenswert. Seit 1.10.2004 benötigen Haustiere den europäischen Haustierpass (»petpass«).

Reiseknigge
Keine kurzen Hosen, ärmellose Blusen, keine Kleider mit Spaghettiträgern – sonst kommen Sie in keine Kirche, in den Vatikan schon gar nicht. Bedenken sollten Sie auch, dass man in einem Restaurant, einer Trattoria etc. mehr als nur einen Salat essen sollte. Für den schnellen Imbiss geht man in Bars, die vor allem mittags kleine Gerichte anbieten, am Abend in ein Pub, eine Enoteca oder Birreria, kauft man sich etwas in einer Rosticceria oder einer Stehpizzeria.

Wer in einer Bar auf die Toilette möchte, sollte zumindest einen Espresso trinken oder ein paar Bonbons kaufen.

Keine wertvollen Gegenstände sichtbar im Auto liegen lassen, keinen teuren Schmuck in vollen Bussen zur Schau stellen, überhaupt: Vorsicht vor Taschendieben.

Seit Januar 2005 herrscht in allen öffentlichen Gebäuden, auch Bars und Restaurants (sofern sie nicht über spezielle Raucherzimmer verfügen) absolutes Rauchverbot.

Reisewetter
Am schönsten ist Rom im Mai. Man genießt seinen Cappuccino draußen, ein Stadtspaziergang strengt aber noch nicht an. Im Juli und August steigt das Thermometer oft auf über 35 °C, da wird die Sightseeing-Tour leicht zur Qual. Im Herbst wärmt die Sonne noch, doch kann es wie im Frühjahr auch so manchen Regentag geben.

Stadtrundfahrten
ATAC
(Römische Verkehrsbetriebe)
Die Buslinie 110open fährt ab dem Kiosk an der Piazza dei Cinquecento (Bahnhof Termini) für 16 € pro Tag für die Formel Stop & go, bei der Sie unterwegs aussteigen können. Die Erläuterungen hören Sie auch auf Deutsch. Karten bekommt man beim ATAC-Büro vor dem Bahnhof Termini sowie im Bus.
Tel. 8 00 28 12 81 (gratis);
www.trambusopen.com; tgl. 8–20 Uhr,

(ca. alle 15 Min); Sammelticket mit Archeobus (→ S. 106) 24 €, gültig 2 Tage

Archeobus der ATAC
Über die Bocca della Verità und die Caracalla-Thermen hinaus zu den Sehenswürdigkeiten der Via Appia: Abfahrt stündlich ab Piazza dei Cinquecento (Bahnhof Termini), tgl. 9–16 Uhr, ab Bahnhof Termini ca. alle 40 Min.; Preis 10 € pro Tag für Formel »Stop & go«; Karten können im Bus gekauft werden, Infos Stadtrundfahrten ATAC (→ S. 105).

Tiberfahrt
Die Stadt aus einem anderen Blickwinkel kennenlernen: mit dem Schiff vom Ponte Duca d'Aosta bis Calata Anguillara (Isola Tiberina).
Linienverkehr: Ponte Duca d'Aosta – Calata Anguillara (1 €); Touristentour: Abfahrt Ponte Sant'Angelo 12 €, Abendessen bei Kerzenlicht 54 €;
Ostia Antica: Abfahrt Ponte Marconi, 13 €; Tel. 06 97 74 54 98; www.rexervation.it

TELEFON
Sie erhalten Telefonkarten in allen Tabacchi-Läden, an Kiosken, Bars und in den Telecom-Shops. Beachten Sie, dass in Italien auch bei Ortsgesprächen die Ortsvorwahl inklusive der Null mitgewählt werden muss, ebenso wie bei Gesprächen aus dem Ausland (Italien + Ortsvorwahl mit »0«). Italienische Handynummern besitzen hingegen keine »Anfangsnull«. Telefonieren über die Mobilfunknetze von Telecom Italia (TIM), Omnitel und Wind kostet nach Deutschland pro Min. circa 1 €; es kann zu Aufschlägen bis zu 40 Cent kommen. Infos zur Handynutzung in Italien: www.vz-nrw.de unter Medien und Telekommunikation, Mobilfunk, Telefonieren im Ausland.

Vorwahlen
D, A, CH → I: 00 39
I → D: 00 49
I → A: 00 43
I → CH: 00 41

TRINKGELD
Wenn Sie zufrieden waren, geben Sie im Restaurant ca. fünf bis zehn Prozent, falls der »servizio« nicht ohnehin eigens auf der Rechnung aufgeführt ist. Hotelangestellte und Zimmermädchen freuen sich über ein Trinkgeld von 1 bis 2,50 €, bei Taxifahrern runden Sie auf.

VERKEHRVERBINDUNGEN
Einen Plan (Roma Metro-Bus) aller öffentlichen Verkehrsmittel Roms (Bus, Tram, Metro) kauft man an Zeitungskiosken, Tabak- und Lottogeschäften sowie in Souvenirläden und Buchhandlungen. Aktueller Metro-Plan ⋯⋯→ Umschlagkarte hinten
Fahrscheine können beim ATAC-Büro vor dem Bahnhof Termini sowie bei Zeitungskiosken, Tabak- und Lottogeschäften und in Bars mit dem ATAC-Zeichen erworben werden, nicht aber in Bus oder Tram! Die Fahrkarten müssen vor Fahrtantritt entwertet werden! 75-Minuten-Ticket (nur 1 U-Bahn-Fahrt) 1 €, Tageskarte 4 €, Drei-Tages-Karte 11 €, Wochenkarte 16 €, Monatskarte 30 €; alle gültig innerhalb des Autobahnrings G. R. A. für Bus, Tram, U-Bahn; Kinder bis 10 Jahre gratis.
www.atac.roma.it

Taxis
Achten Sie darauf, nur mit offiziellen Taxis zu fahren, die ein Taxischild und eine Zulassung von der Comune di Roma besitzen (Zentraler Taxiruf: Tel. 06 35 70, 06 55 51 oder 06 66 45).

ZOLL
Seit 1. Januar 1993 gibt es an den Binnengrenzen der Europäischen Union keine Zollkontrollen mehr für Waren, die ausschließlich für den Privatgebrauch bestimmt sind.
Für Schweizer gibt es die üblichen Mengenbeschränkungen.
Weitere Auskünfte unter www.zoll.de, www.bmf.gv.at/zoll und www.zoll.ch

Kartenatlas

Orientierung leicht gemacht: mit Planquadraten und allen Orten und Sehenswürdigkeiten.

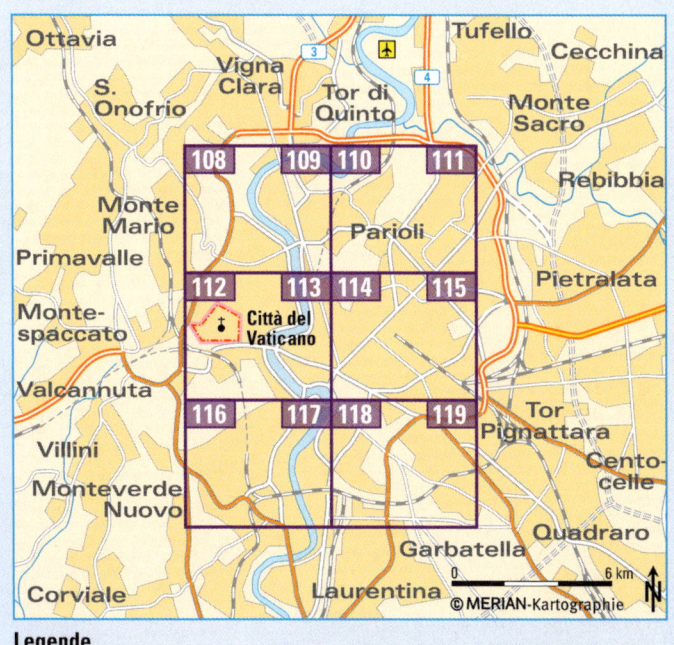

Legende

Spaziergänge
- Zum Campo de' Fiori (S. 84)
- Zum Pincio (S. 86)
- Ghetto und Trastevere (S. 88)

Sehenswürdigkeiten
- MERIAN-TopTen
- MERIAN-Tipp
- Sehenswürdigkeit, öffentl. Gebäude
- Sehenswürdigkeit Kultur
- Sehenswürdigkeit Natur
- Kirche; Kloster
- Schloss, Burg; Ruine

Sehenswürdigkeiten ff.
- Moschee
- Synagoge
- Museum
- Denkmal
- Leuchtturm

Verkehr
- Autobahn
- Autobahnähnliche Straße
- Fernverkehrsstraße
- Hauptstraße
- Nebenstraße
- Unbefestigte Straße, Weg
- Fußgängerzone

Verkehr ff.
- Parkmöglichkeit
- Busbahnhof; Bushaltestelle
- Metro-Station
- Bahnhof
- Flughafen
- Flugplatz

Sonstiges
- Information
- Theater
- Markt
- Zoo
- Botschaft, Konsulat
- Friedhof

A B C

1
2
3
4

Via Farneto
Via d. Monti d. Farnesina
Farneto
Via
Villa Tre Colli
Via d. Macchia d. Farnesina
Viale
Ministero degli Esteri
Foro It
Via Antonino di
G. Volpe
Via della Far
Viale Paolo Boselli
Piazzale della Farnesina
Viale Ministero Affari Esteri
Pza. P. Dodi
Stadio dei Marmi
Stadio Olimpico
Via dei Discoboli
Centro Don Orione
Ple. dello Stadio Olimpico
Via di Macchia Madama
Via Edmondo de Amicis
Ple. del Foro Italico
Viale del Foro Italico
Lungotevere
Pza. L. de Bosis
Via L. Franchetti
Ponte Duca d'Aosta
Lgo. G. de Martino
Viale
Viale
Via N. Canevaro
Viale dello Stadio Olimpico
Via della Camilluccia
Via Trionfale
Quartiere della Vittoria
Villa Madama
Via di Villa Madama
Stadio Olimpico d. Nuoto
Viale delle Olimpiadi
Viale dei Gladiatori
Cadorna
Caporali
Lungotevere
Piazza de Fa
Via R. Morra di Lavriano
Lung. Maresciallo
Via
Via Licinio Calvo
Lucilio
Via Prisciano
Via Trionfale
Via del Parco d. Vittoria
Monte Mario
Ple. delle Medaglie d'Oro
Monte Mario
Villa Mellini, Osservatorio Astronomico e Museo
Piazza Maresc. Giardino
Lung.
Museo del Gen
Via
Cadlolo
Viale delle Medaglie d'Oro
Viale dei Cavalieri di Vittorio Veneto
Via Gomenizza
Via Clodia
Viale Angelico
V. F. Corridoni
Via Alberto
Via
Via Teulada
Via
RAI
Via U. Novaro
S. Lucia
Circonval.
Piazza Bainsizza
Viale
Santo
Via del Tiroletto
Via
Trionfale
Via Romeo Romei
Via Caorle Strozzi
V. Muggia
Via Dardanelli
Via Monte
Via A. Varisco
V. d. Eroi di Cefal
Piazzale Clodio
Sabo
112
Viale Giuseppe Mazz
Viale
Via
Clodia
Pza. d. Prati
Via M. Am
Via
Via
A B C

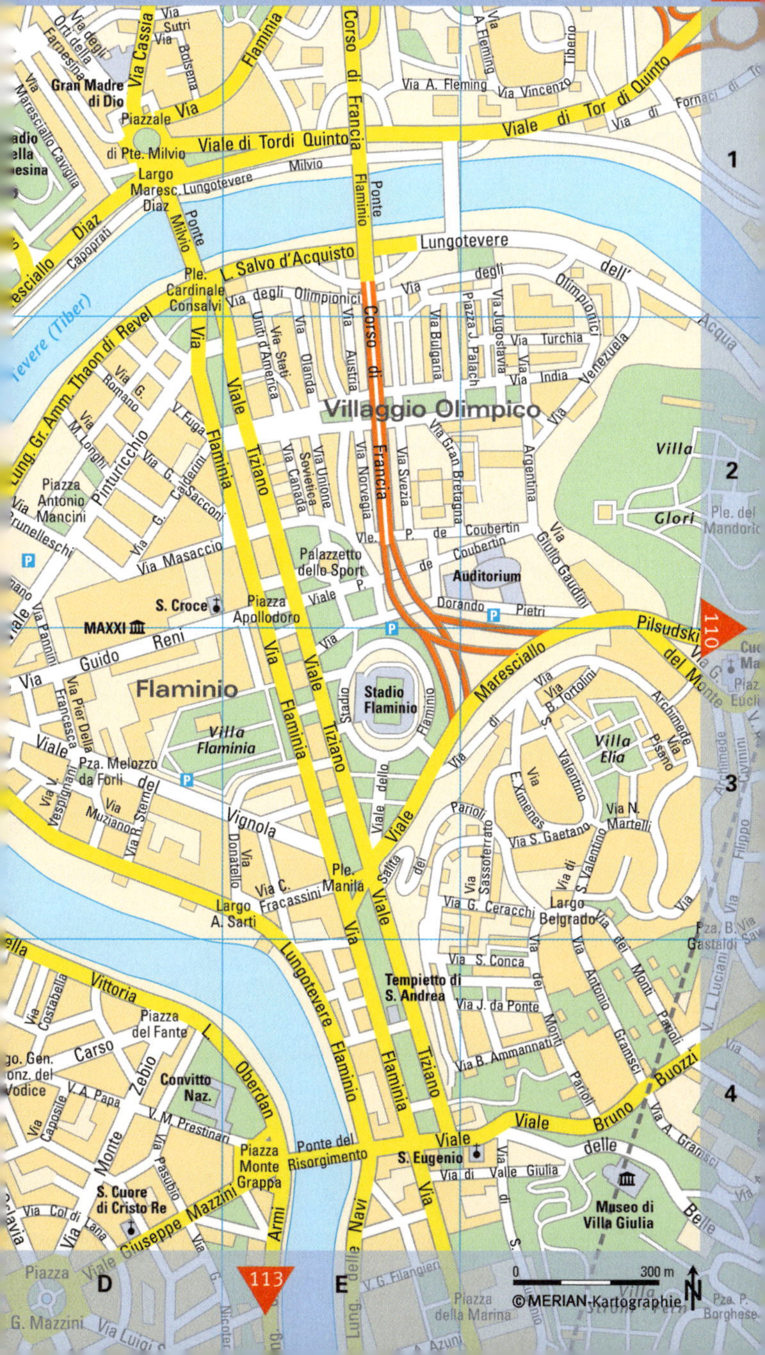
D
E
F
1
2
3
4
Gran Madre di Dio
Piazzale di Pte. Milvio
Largo Maresc. Diaz
Viale di Tordi Quinto
Viale di Tor di Quinto
Via A. Fleming
Via Vincenzo Tiberio
Corso di Francia
Ponte Flaminio
Lungotevere Maresciallo Diaz
Ponte Milvio
Lungotevere dell' Acqua Acetosa
L. Salvo d'Acquisto
Ple. Cardinale Consalvi
Via degli Olimpionici
Tevere (Tiber)
Lung. Gr. Amm. Thaon di Revel
Villaggio Olimpico
Via Bulgaria
Piazza J. Palach
Via Jugoslavia
Via Turchia
Via India
Via Venezuela
Via Olanda
Via Austria
Via Stati Uniti d'America
Viale Tiziano
Via Flaminia
Via Unione Sovietica
Via Canada
Via Norvegia
Via Svezia
Via Gran Bretagna
Via Argentina
Via Giulio Gaudini
Villa Glori
Ple. del Mandorlo
Piazza Antonio Mancini
Via Pinturicchio
Via Masaccio
Palazzetto dello Sport
Vle. P. de Coubertin
Auditorium
Viale P. Dorando Pietri
S. Croce
Piazza Apollodoro
MAXXI
Via Guido Reni
Flaminio
Stadio Flaminio
Villa Flaminia
Viale Pilsudski
Viale Maresciallo
Via di Villa Elia
Via Archimede
Pza. Melozzo da Forlì
Via del Vignola
Ple. Manila
Largo A. Sarti
Via C. Fracassini
Largo Belgrado
Via G. Ceracchi
Via S. Conca
Tempietto di S. Andrea
Via J. da Ponte
Via B. Ammannati
Via dei Monti Parioli
Via Antonio Gramsci
Viale Bruno Buozzi
Lungotevere Flaminio
Lungotevere Oberdan
Piazza del Fante
Convitto Naz.
Piazza Monte Grappa
Ponte del Risorgimento
S. Eugenio
Via di Valle Giulia
Viale delle Belle Arti
Museo di Villa Giulia
S. Cuore di Cristo Re
Viale Giuseppe Mazzini
Piazza G. Mazzini
Piazza della Marina
Pza. P. Borghese
110
113
0 300 m
©MERIAN-Kartographie

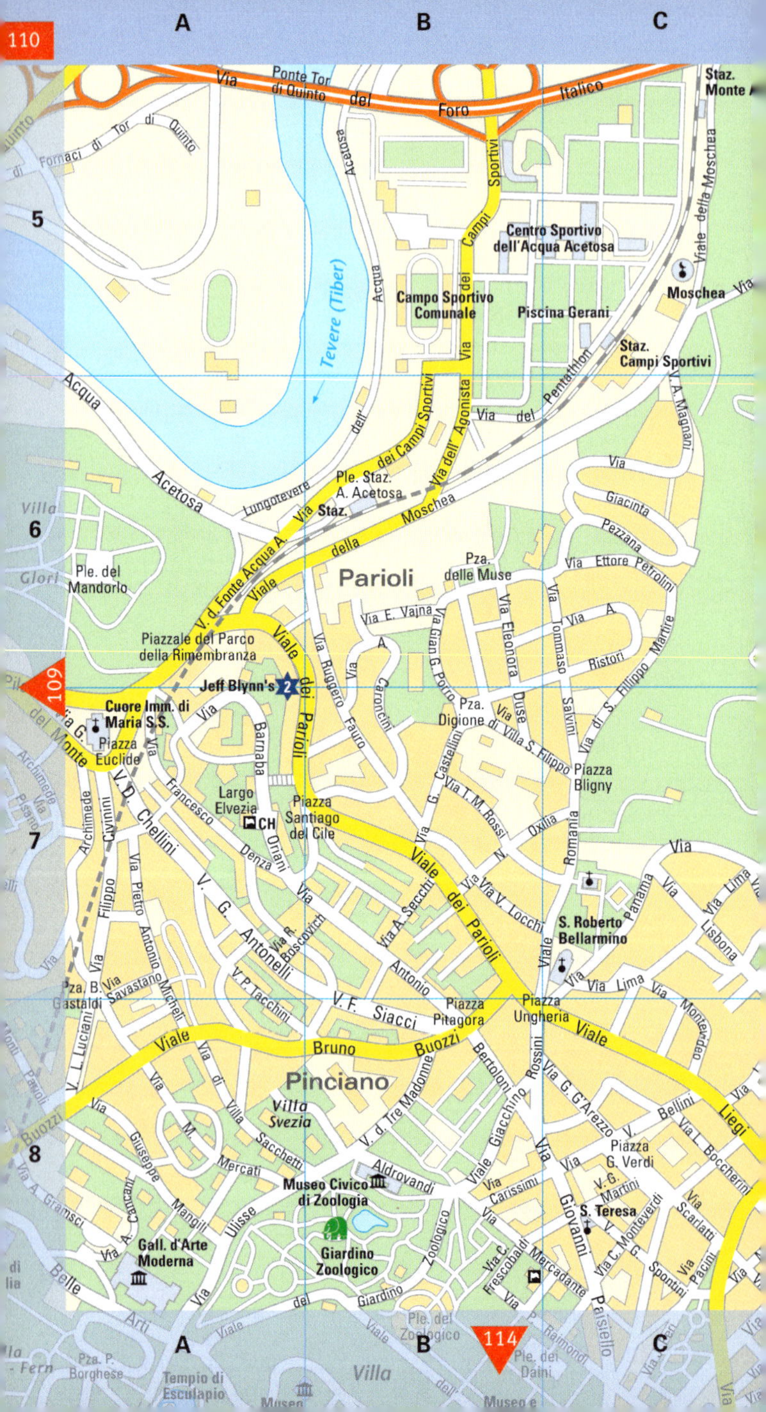
A
B
C
5
6
7
8
Via del Foro Italico
Ponte Tor di Quinto
Via Fornaci di Tor di Quinto
Staz. Monte
Viale della Moschea
Acetosa
Via dei Campi Sportivi
Centro Sportivo dell'Acqua Acetosa
Campo Sportivo Comunale
Piscina Gerani
Moschea
Tevere (Tiber)
Acqua
Staz. Campi Sportivi
Via del Pentathlon
Via dell' Agonista
V. A. Magnani
Acqua Acetosa
Lungotevere dell' Acqua
Ple. Staz. A. Acetosa
Staz.
Via dei Campi Sportivi
Viale della Moschea
Via Giacinta Pezzana
Villa Glori
Ple. del Mandorlo
V. d. Fonte Acqua A.
Viale
Parioli
Pza. delle Muse
Via Ettore Petrolini
Via E. Vajna
Via A. Ristori
Piazzale del Parco della Rimembranza
Viale dei Parioli
Via Ruggero Fauro
Via A. Caroncini
Via Gian G. Porro
Via Eleonora Duse
Via Tommaso Salvini
Via Filippo Martire
Via di S. Filippo
109
Jeff Blynn's
2
Cuore Imm. di Maria S.S.
Piazza Euclide
Pza. Digione
Via di Villa S. Filippo
Piazza Bligny
del Monte
Via G.
Via Barnaba Oriani
Via Francesco Denza
Largo Elvezia
CH
Piazza Santiago del Cile
Via G. Castellini
Via T. M. Rossi
Via N. Oxilia
Via Romania
Via Archimede
Via Civinini
V. D. Chellini
Via Pietro Antonio Micheli
Via Filippo
Via
Via R. Boscovich
Via A. Secchi
Viale dei Parioli
Via V. Locchi
S. Roberto Bellarmino
Via Panama
Via Lisbona
Via Lima
Viale
V. G. Antonelli
V. P. Tacchini
Via Antonio
Pza. B. Gastaldi
Via Savastano
V. F. Siacci
Piazza Pitagora
Piazza Ungheria
Viale
Via Monteverdeo
V. L. Luciani
Viale Bruno Buozzi
Pinciano
Villa Svezia
Via di Villa Sacchetti
Via M. Mercati
Via Giuseppe Mangili
V. d. Tre Madonne
Bertoloni
Rossini
Via Giacchino
Via G. G'Arezzo
Viale Liegi
V. Bellini
Via L. Boccherini
Piazza G. Verdi
V. G. Martini
S. Teresa
Via Giovanni Paisiello
Via Scarlatti
Via C. Monteverdi
Via Spontini
Via Pacini
Museo Civico di Zoologia
Aldrovandi
Viale
Via Carissimi
Via Ulisse
Giardino Zoologico
Via Zoologico
Via C. Frescobaldi
Via Mercadante
Gall. d'Arte Moderna
Via A. Canciani
Via A. Gramsci
Viale delle Belle Arti
Via del Giardino
Ple. del Zoologico
114
Ple. dei Daini
Pza. P. Borghese
Tempio di Esculapio
Villa
Museo
Buozzi

D
E
F
5
6
7
8
Ex Forte di Monte Antenne
V. d. Forte Antenne
Via del Foro Italico
Aniene
Via Salaria
Circonvallazione Salaria
Ponte Salario
Via di Ponte Salario
Lgo. U. de Morpurgo
Viale Somalia
Via Pietro Mascagni
Via Alfredo Casella
Via L. Mancinelli
Via Arrigo Boito
Via Vivaldi
Largo Somalia
Via A. Rendano
Via Nicolò Piccinni
Via Stimigliano
Via S. Magliano
Via Poggio Moiano
Via Mte. delle Gioie
Via Montebuono
Villa Chigi
V. Monte-rotondo
Piazza Vescovio
Via Orvinio
Via di Tor Fiorenza
Pza. di Novella
Via Ostriana
Via di Novella
Via di Poggio Catino
Via Valnerina
Via Casperia
Via Collalto Sabino
Villa Ada
(Villa Savoia)
Catacombe di S. Priscilla
Piazza di Priscilla
Via di Priscilla
Piazza di S. Emerenziana
Via Nemorense
Via dei Giordani
Via Lucrino
Viale Eritrea
Via Sirte
Via Acherusio
Trieste
Via Lago di Lesina
Via Massaciuccoli
Piazza Crati
Via Fogliano
Via Ceresio
Via Arbia
Via Anapo
Via Archiano
Viale Nemorense
Parco Virgiliano
Via Martignano
Via Bradano
Piazza Volsinio
Via Panaro
Via Asmara
Piazza Annibaliano
Via Annone
Corso Trieste
V. Bressanone
Viale di Villa Ada
Via Lariana
Via Bacchiglione
Via Volsinio
Piazza Verbano
Piazza Ledro
Piazza Istria
Via di Santa Costanza
Panama
Polonia
Parco di Villa Grazioli
Via Salaria
Via Taro
Via Sebino
S. Saturnino
Via Sabazio
Piazza Sabazio
Via Topino
Via Oglio
Via Chiana
Via Agri
Via Tagliamento
Via Tronto
Via Adige
Via Reno
Via Gargiliano
Corso Trieste
Via S. Marino
Via Tarvisio
Via Gradisca
Via Rovereto
Via Tolmino
Pza. di S. Costanza
Viale Ajaccio
Via Corsica
Via Appennini
Via G. Alberoni
Via Gorizia
Via Nomentana
Villa Mirafiori
Via Antonio Nibby
Via Clitunno
Piazza Trasimeno
S.S. Felicita
Piazza Buenos Aires
Via Tanaro
Via Arno
Via Ombrone
Via Basento
Viale Regina Margherita
S. Brigida
Via Malta
Viale degli Appennini
Via Capodistria
Villa Paganini
Via Pola
Via G. A. Guattani
Piazza Trento
Via Adda
115
Villa Albani
Piazza Dalmazia
Via d. Fontana
Via Zara
Via Battista
0
300 m
N
© MERIAN-Kartographie
Catacombe di S. Agnese
Mausoleo di S. Costanza, S. Agnese fuori le mura
6

A
B
C
108
Clodio
9
10
11
12
Trionfale
Ple. Socrate
Aristotele
Via Quintiliano
Fedro
Circonval. Clodia
Circonval. Trionfale
Viale Giuseppe Mazzini
Museo Poste e Tel.
Pza. d. Prati degli Strozzi
Via Palumbo
Via di Bruno Emilio Faà
Via Riccardo Grazioli Lante
Via Cunfida
Via Rodi
Via della Giuliana
Via Giovanni Bettolo
Viale Angelico
Viale delle Medaglie d'Oro
Via Bernardino Telesio
Via T. Campanella
Lgo. Trionfale
Via Andrea Doria
Alexanderplatz
Via Ostia
Via Tolemaide
Viale Giulio Cesare
Ottaviano-S. Pietro
Viale Barletta
Via Ottaviano
S.S. Rosario
Via dei Gracchi
Piazzale degli Eroi
V. Pisani
Via Candia
Via F. Caracciolo
Via S. Veniero
V. Leone IV
Pza. di S. Maria delle Grazie
Viale Vaticano
Cipro-Musei Vaticani
Via Cipro
Via Emo
Via Angelo Emo
Pza. del Risorgimento
Pinacoteca
Musei Vaticani
CITTÀ DEL VATICANO
Via d. Porta Angelica
Borgo Angelico
V. S. Porcari
Via d. Pellegrino
Via del Belvedere
Borgo Vittorio
Borgo Pio
V. d. Corridori
Stanze di Raffaello
Belvedere
Appartamento Borgia
Cappella Sistina
Scala Regia
Governatorato
S. Pietro
Piazza S. Pietro
Pza. Pio XII
V. d. Conciliazione
Eliporto
S. Marta
Radio Vaticana
S. Stefano
Stazione
Borgo
V. d. S. Uffizio
Via Teutonica
Lgo. Pta. Cavalleggeri
Aula d. Udienze Pont.
Via Staz. Vaticana
Via Aurelia
Via Nicolò V
Via Pta. Cavalleggeri
Gal. Pr. Amedeo Savoia-A.
Via di Villa Alberici
Divi Gregorio VII
Via di S. Maria Mediatrice
Via del Cottolengo
Via Gregorio VII
Via di Porta Fabbrica
Via Innocenzo III
Via Nicolò III
V. S. Maria
Viale delle Mura Aurelie
V. S. Telesforo
S. Onofrio
Via del Gianicolo
Stazione di San Pietro
Via dei Bentivoglio
V. S. Silverio
Via S. Evaristo
V. di Monte del Gallo
Clivo di Monte del Gallo
Maria Addolorata
Via della Cava Aurelia
Pza. Duca F. Borgoncini
Vic. del Galsomino
Via G. Missori
Faro della Vittoria
Via Nuova d. Fornaci
116
Torre del Drago
Via Roverella
Vic. del Vicario

D
E
F
109
117
114
9
10
11
12
Piazza G. Mazzini
Viale Giuseppe Mazzini
Via Luigi Settembrini
Piazza Cinque Giornate
Ponte G. Matteotti
Lung. delle Navi
Lung. Arnaldo da Brescia
Piazza della Marina
Villa Strohl - Fern
Villa Ruffo
Staz. Ferr. Roma-Viterbo
Flaminia
Flaminio
Viale
Milizie
Via Lepanto
Lepanto
Viale Giulio Cesare
Lung. Michelangelo
Pte. Metrop. Pietro Nenni
Ple. Flaminio
S. Maria del Popolo
Pincio
Porta d. Popolo
Piazza del Popolo
L. di Savoia
Pte. Reg. Margherita
Via F. di Savoia
S. Maria d. Mirac.
S. Maria in Monte.
Campo
Margutta
Piazza della Libertà
Piazza Cola di Rienzo
Via Cola di Rienzo
Pza. dei Quiriti
Casa di Goethe
Marzio
Via del Corso
Via di Ripetta
Lung. in Augusta
Lung. Mellini
Prati
Crescenzio
Via Cicerone
Piazza Cavour
Ara Pacis Augustae
Mausoleo di Augusto
Piazza Augusto Imp.
S. Carlo al Corso
Ponte Cavour
Via Tomacelli
Lgo. Goldoni
Parco Adriano
Castel S. Angelo
Pza. Pia
Auditorium
Ex Palazzo di Giustizia
Pza. d. Tribunali
Mus. d. Pov. Anime d. Suff.
Pal. Borghese
Pza. Borghese
Pal. Ruspoli
S. Lorenzo in Lucina
Obika
Lung. Castello
Tevere (Tiber)
Lung. Vaticano
Lung. di Tor di Nona
Lung. Marzio
Ponte Umberto I
Mus. Napoleonico
Pal. Altemps
S. Agostino
Pal. Montecitorio
Pal. Chigi
Pza. Colonna
S. Salvatore in Lauro
Via dei Coronari
Ponte Parione
S. Maria d. Pace
S. Luigi d. Francesi
S. Maria d. Anima
F. d. Fiumi
S. Agnese in Agone
Navona
Pal. Madama
Senato
Pantheon
S. Ignazio
S. Maria s. Minerva
S. Giovanni d. Fiorentini
Pal. Sacchetti
Chiesa Nuova
Corso Vittorio Emanuele II
S. Ivo
Pigna
Museo di Criminologia
Pal. Braschi
Mus. di Roma
Pal. Massimo
Museo Barracco
Regola
Pal. d. Cancelleria
Pza. Campo de' Fiori
S. Andrea d. Valle
Teatro Argentina
Largo d. Torre Argentina
Templi Rep.
Il Gesù
S. Eligio
S. Girolamo alla Carità
Pal. Falconieri
Pza. Farnese
Pal. Farnese
Pal. Spada
S. C. ai Catinari
Cripta Balbi
Lung. dei Tebaldi
Lung. d. Sangallo
Lung. Gianicolense
Villa Farnesina
300 m
© MERIAN-Kartographie

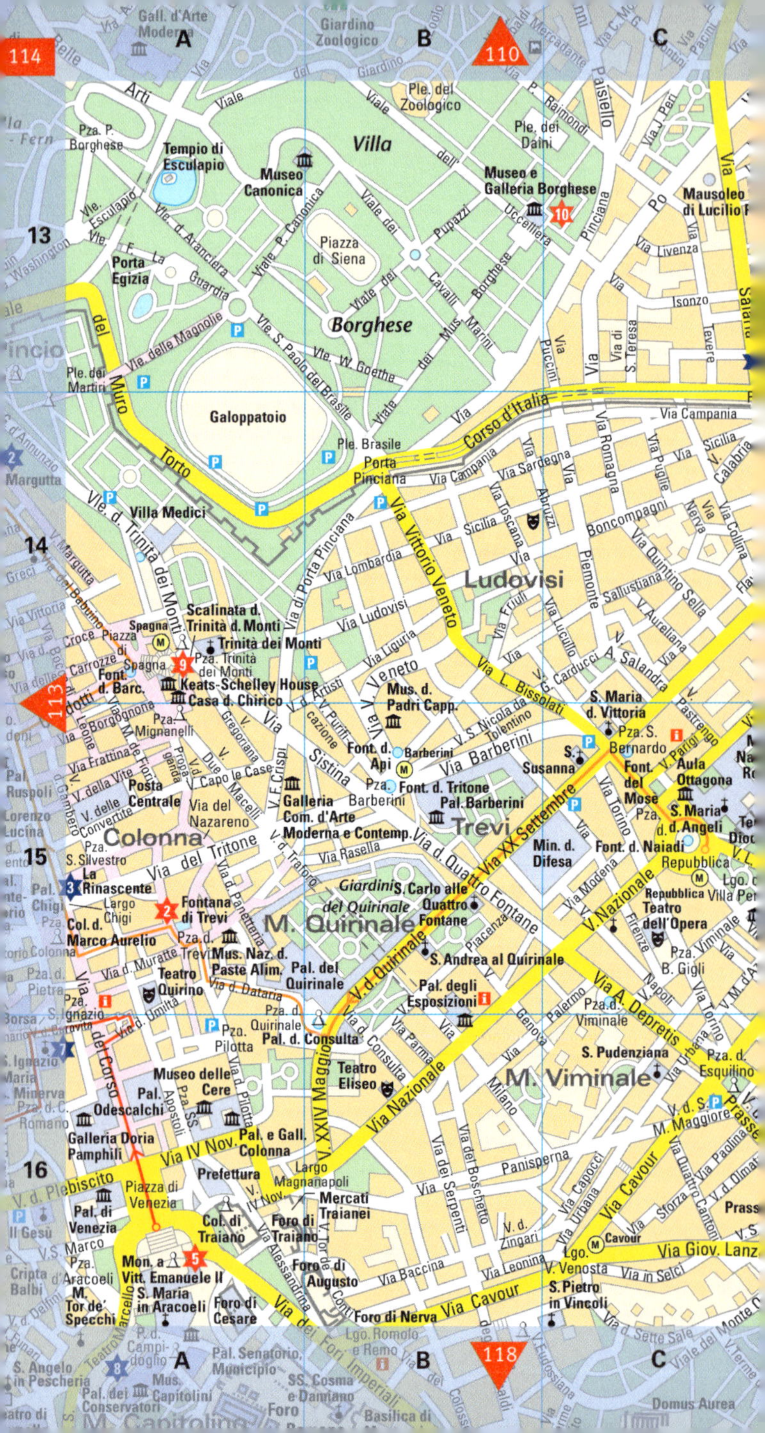
A
B
C
110
Gall. d'Arte Moderna
Giardino Zoologico
Ple. del Zoologico
Villa Borghese
Pza. P. Borghese
Tempio di Esculapio
Museo Canonica
Museo e Galleria Borghese
10
Ple. dei Daini
Mausoleo di Lucilio
Piazza di Siena
Porta Egizia
Galoppatoio
Ple. dei Martiri
Muro Torto
Ple. Brasile
Porta Pinciana
Corso d'Italia
Via Campania
Villa Medici
Ludovisi
Scalinata d. Trinità d. Monti
Trinità dei Monti
Pza. Trinità dei Monti
Spagna
Piazza di Spagna
9
Font. d. Barc.
Keats-Schelley House
Casa d. Chirico
113
Mus. d. Padri Capp.
Font. d. Api
Barberini
Pza. Barberini
Font. d. Tritone
Pal. Barberini
S. Maria d. Vittoria
Pza. S. Bernardo
S. Susanna
Font. del Mosè
Aula Ottagona
S. Maria d. Angeli
Pza. d. Repubblica
Repubblica
Teatro dell'Opera
Posta Centrale
Colonna
Galleria Com. d'Arte Moderna e Contemp.
Trevi
Min. d. Difesa
Font. d. Naiadi
S. Silvestro
La Rinascente
3
Giardini del Quirinale
S. Carlo alle Quattro Fontane
M. Quirinale
Fontana di Trevi
2
Col. d. Marco Aurelio
Mus. Naz. d. Paste Alim.
Pal. del Quirinale
S. Andrea al Quirinale
Pal. degli Esposizioni
Pza. B. Gigli
Teatro Quirino
Pza. S. Ignazio
7
Pza. Pilotta
Pza. d. Quirinale
Pal. d. Consulta
Teatro Eliseo
M. Viminale
S. Pudenziana
Pza. d. Viminale
Pza. d. Esquilino
Museo delle Cere
Pal. Odescalchi
Galleria Doria Pamphili
Pal. e Gall. Colonna
Prefettura
Largo Magnanapoli
Mercati Traianei
Piazza di Venezia
Pal. di Venezia
Col. di Traiano
Foro di Traiano
Mon. a Vitt. Emanuele II
5
S. Maria in Aracoeli
Foro di Augusto
Foro di Cesare
Foro di Nerva
S. Pietro in Vincoli
Cavour
Lgo. Cavour
Via Cavour
Via Nazionale
Via del Tritone
Via Vittorio Veneto
Via XX Settembre
Via d. Quattro Fontane
Via IV Novembre
Via dei Fori Imperiali
Via Giov. Lanza
V. d. S. M. Maggiore
13
14
15
16
A
B
C
118
Pal. Senatorio, Municipio
Mus. Capitolini
Pal. dei Conservatori
SS. Cosma e Damiano
Lgo. Romolo e Remo
Basilica di
Domus Aurea
S. Angelo in Pescheria
8
Cripta Balbi
Il Gesù
M. Capitolino

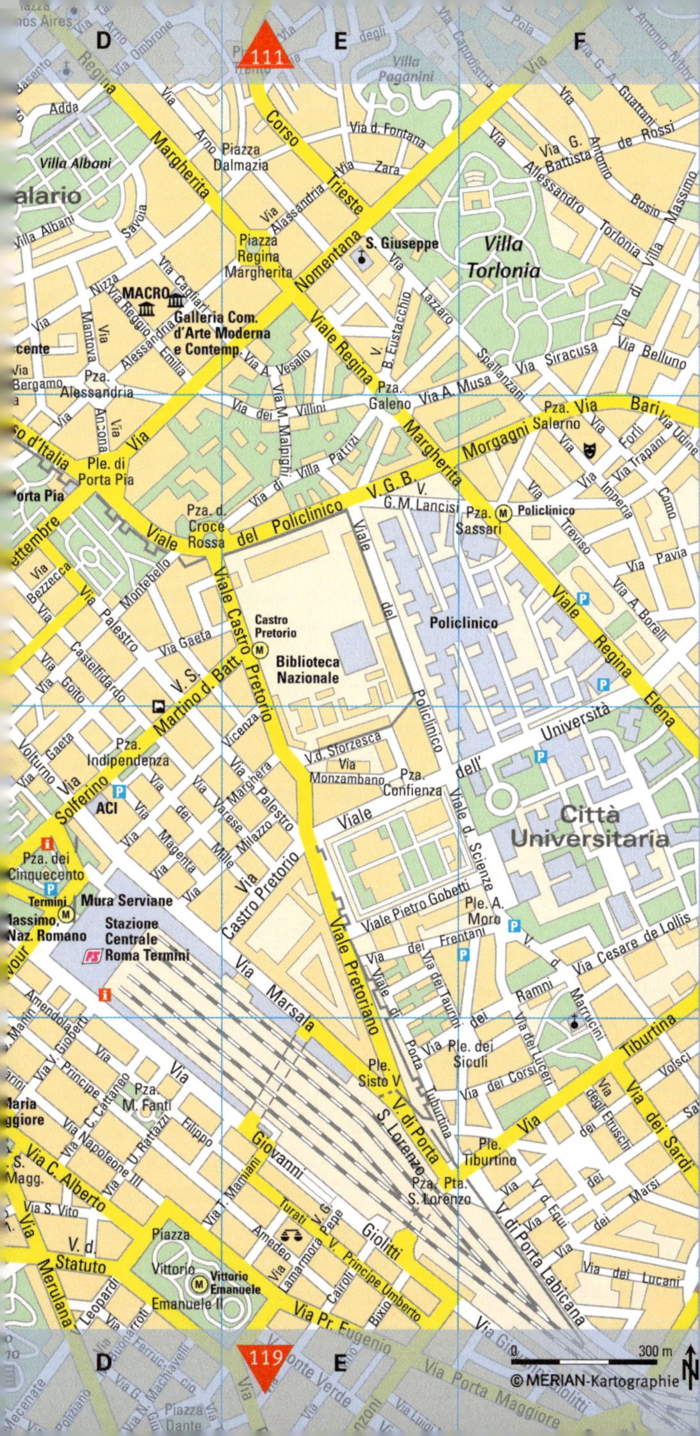
111
119
D
E
F
13
14
15
16
Villa Albani
Salario
Piazza Dalmazia
Corso Trieste
Via d. Fontana
Villa Paganini
Villa Torlonia
S. Giuseppe
Piazza Regina Margherita
Nomentana
MACRO
Galleria Com. d'Arte Moderna e Contemp.
Pza. Alessandria
Ple. di Porta Pia
Porta Pia
Viale Regina Margherita
Pza. Galeno
Morgagni
Pza. Salerno
Via Bari
Policlinico
Pza. Sassari
Pza. d. Croce Rossa
Viale del Policlinico
V.G.B.
Viale Castro Pretorio
Castro Pretorio
Biblioteca Nazionale
Viale Regina Elena
Città Universitaria
Pza. Indipendenza
ACI
Solferino
Pza. dei Cinquecento
Termini
Massimo, Naz. Romano
Mura Serviane
Stazione Centrale Roma Termini
Via Marsala
Viale Pretoriano
Ple. Sisto V
Ple. A. Moro
Ple. dei Siculi
Ple. Tiburtino
Via Tiburtina
Via dei Sardi
Pza. Pta. S. Lorenzo
Via di Porta Labicana
Via Giolitti
Pza. M. Fanti
Piazza Vittorio Emanuele II
Vittorio Emanuele
Via Merulana
Via Pr. Eugenio
Via Principe Umberto
Via Cesare de Lollis
Via dei Lucani
Via Porta Maggiore
0
300 m
N
© MERIAN-Kartographie

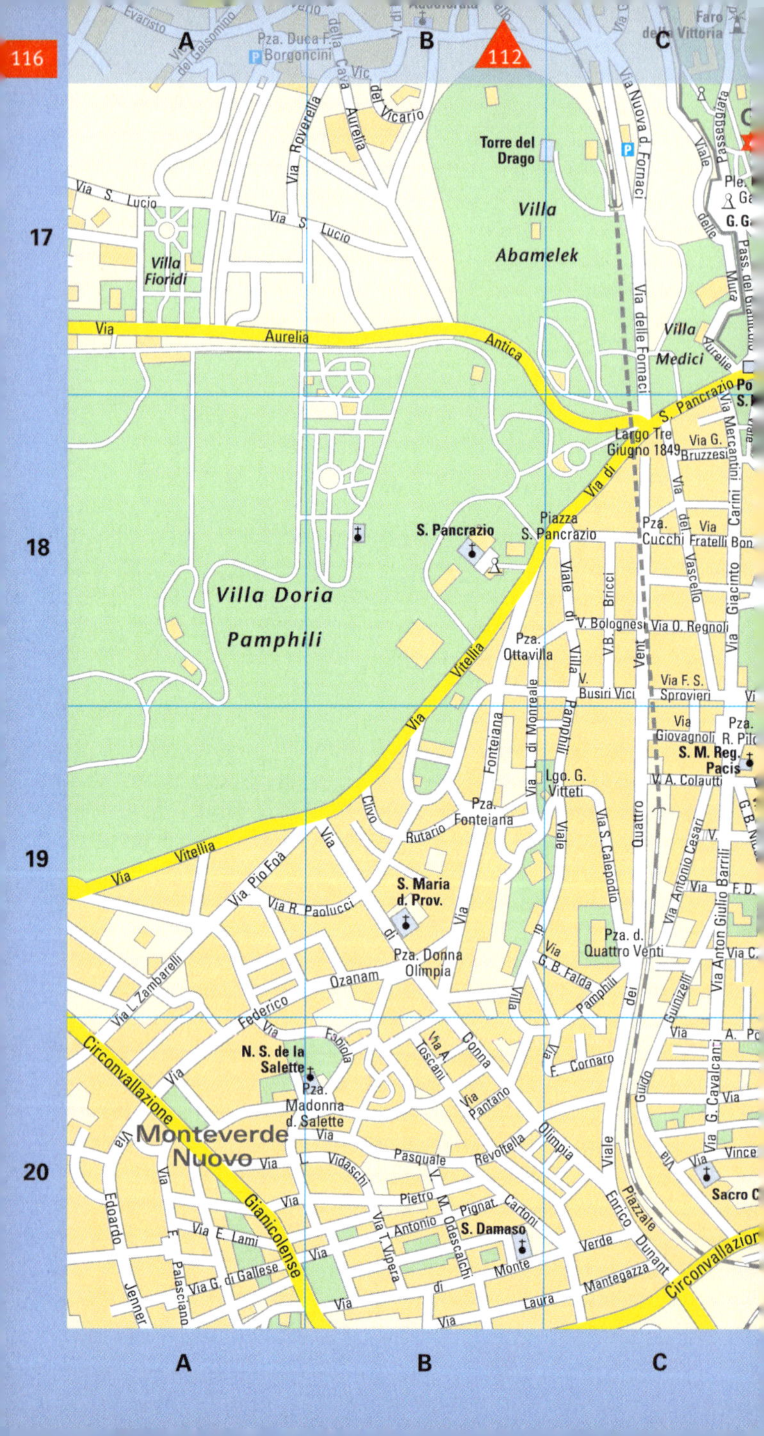

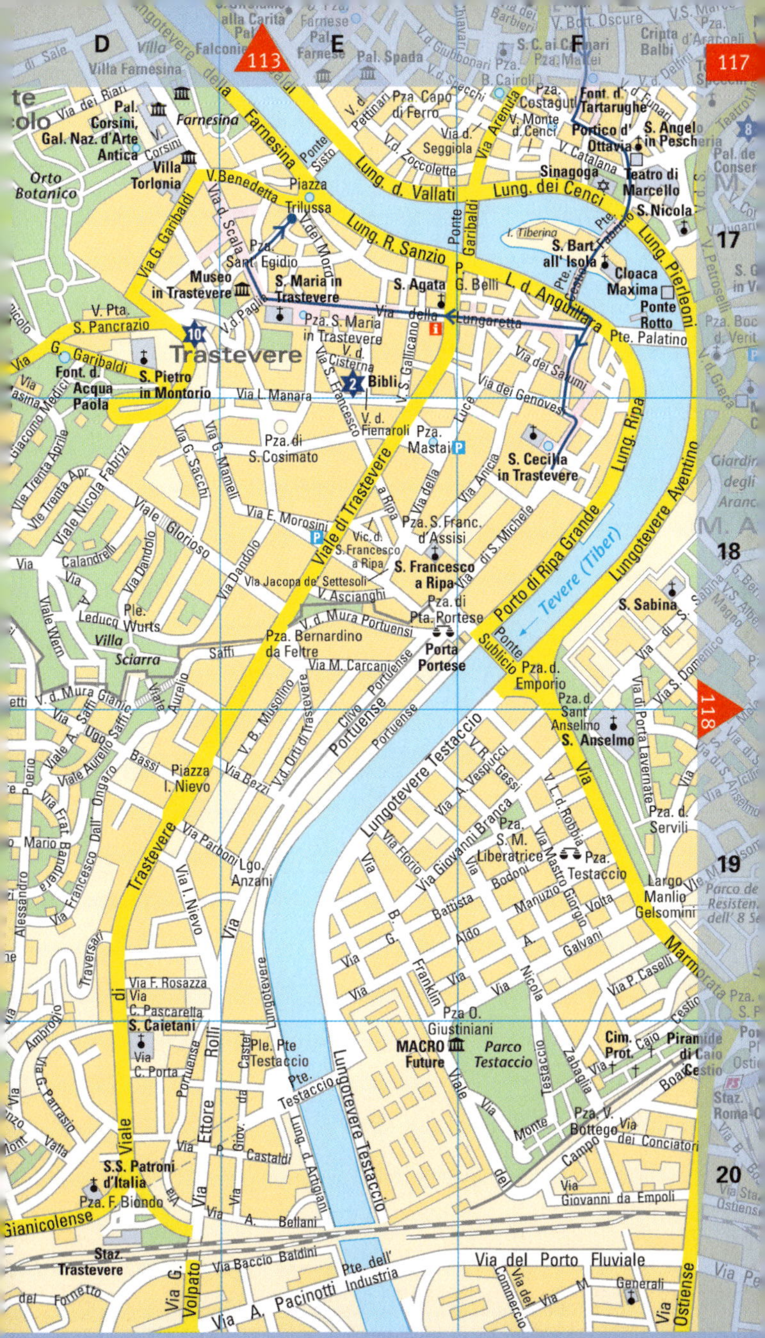

D E

0 300 m

© MERIAN-Kartographie

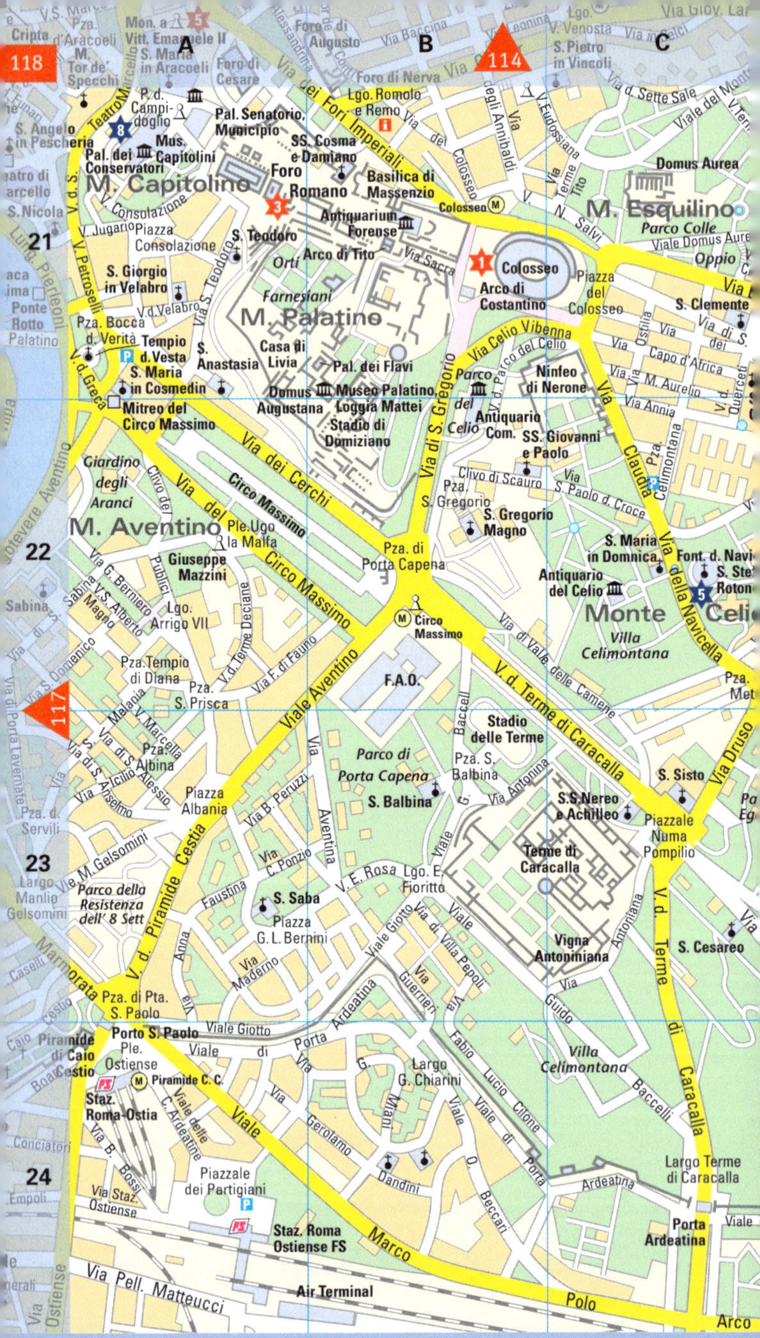
A
B
C
114
117
21
22
23
24
M. Capitolino
Pal. Senatorio, Municipio
Mus. Capitolini
Pal. dei Conservatori
P.d. Campidoglio
S. Angelo in Pescheria
S. Maria in Aracoeli
Mon. a Vitt. Emanuele II
Foro di Cesare
Foro di Augusto
Via dei Fori Imperiali
Lgo. Romolo e Remo
SS. Cosma e Damiano
Basilica di Massenzio
Foro Romano
Antiquarium Forense
Via Sacra
Arco di Tito
S. Teodoro
Piazza Consolazione
S. Giorgio in Velabro
V.d.Velabro
Orti Farnesiani
M. Palatino
Casa di Livia
Pal. dei Flavi
Domus Augustana
Museo Palatino
Loggia Mattei
Stadio di Domiziano
Pza. Bocca d. Verità
Tempio d. Vesta
S. Anastasia
S. Maria in Cosmedin
Mitreo del Circo Massimo
Colosseo
Arco di Costantino
Piazza del Colosseo
Via degli Annibaldi
Via del Colosseo
V. Eudossiana
Via Terme Tito
V. d. Sette Sale
Domus Aurea
M. Esquilino
Parco Colle Oppio
Viale Domus Aurea
S. Pietro in Vincoli
S. Clemente
Via Celio Vibenna
Parco del Celio
Ninfeo di Nerone
Antiquario Com.
SS. Giovanni e Paolo
Clivo di Scauro
Via di S. Gregorio
Pza. S. Gregorio
S. Gregorio Magno
Via Claudia
Pza. Celimontana
Via Capo d'Africa
Via Annia
S. Maria in Domnica
Antiquario del Celio
Monte Celio
Villa Celimontana
Via della Navicella
Via dei Cerchi
Circo Massimo
Via del Circo Massimo
Giardino degli Aranci
M. Aventino
Ple. Ugo la Malfa
Giuseppe Mazzini
Lgo. Arrigo VII
Pza. di Porta Capena
Circo Massimo
Via di Valle delle Camene
V. d. Terme di Caracalla
F.A.O.
Viale Aventino
Pza. Tempio di Diana
Pza. S. Prisca
Pza. Albina
Piazza Albania
Sabina
Stadio delle Terme
Parco di Porta Capena
S. Balbina
Pza. S. Balbina
Via Antonina
S.S. Nereo e Achilleo
Terme di Caracalla
S. Sisto
Piazzale Numa Pompilio
Via Druso
Viale Piramide Cestia
Parco della Resistenza dell' 8 Sett
Largo Manlio Gelsomini
S. Saba
Piazza G. L. Bernini
V. E. Rosa
Lgo. E. Fioritto
Vigna Antoniniana
S. Cesareo
Villa Celimontana
Viale Guido Baccelli
Pza. di Pta. S. Paolo
Porto S. Paolo
Piramide di Caio Cestio
Ple. Ostiense
Piramide C. C.
Staz. Roma-Ostia
Viale Giotto
Viale di Porta Ardeatina
Largo G. Chiarini
Viale delle C. Ardeatine
Viale Marco Polo
Piazzale dei Partigiani
Staz. Roma Ostiense FS
Via Staz. Ostiense
Via Pell. Matteucci
Air Terminal
Largo Terme di Caracalla
Porta Ardeatina
Via Ostiense
V.d. Terme di Caracalla

A B C

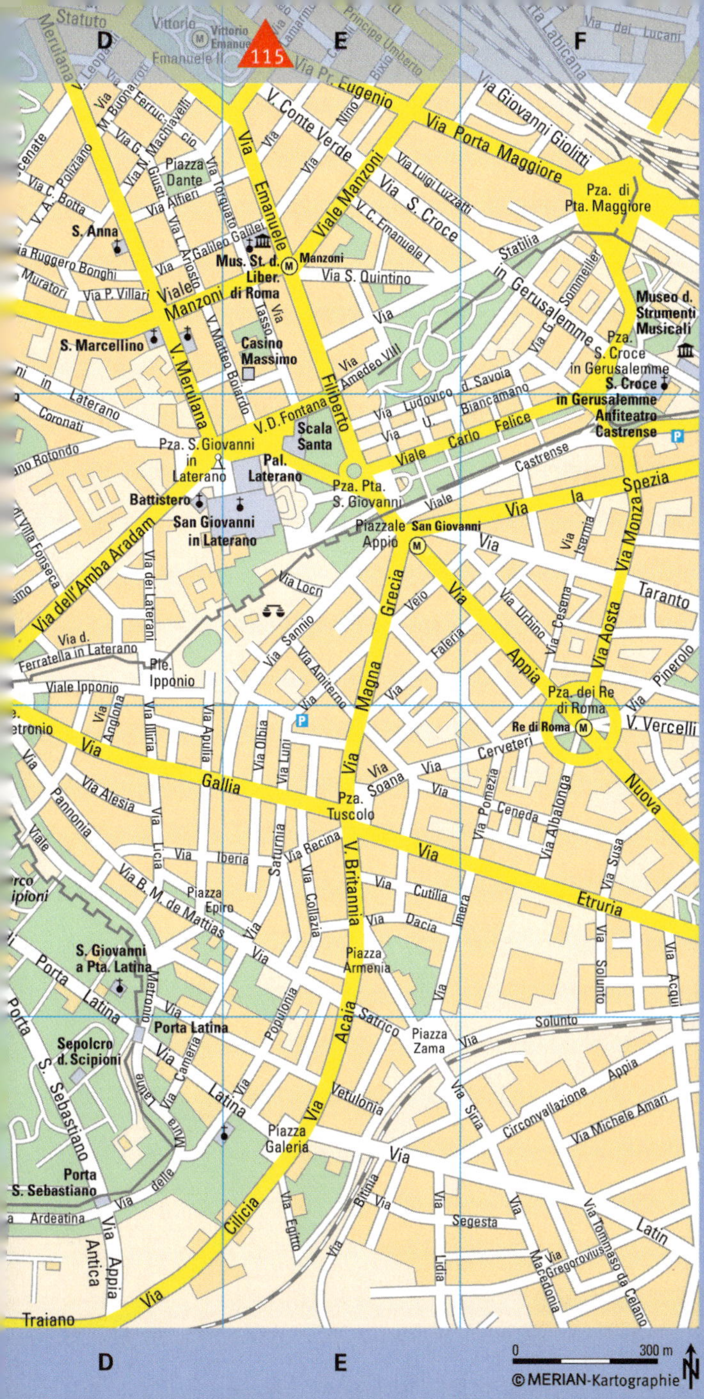
D
E
F
115
Statuto
Vittorio Emanuele II
Via Pr. Eugenio
Via Porta Maggiore
Via Giovanni Giolitti
Via dei Lucani
Labicana
Principe Umberto
Via Merulana
V. Conte Verde
Via Emanuele Filiberto
Viale Manzoni
Via S. Croce
Via Luigi Luzzatti
V. C. Emanuele I
Pza. di Pta. Maggiore
Piazza Dante
Via Alfieri
Via Torquato Tasso
S. Anna
Via Ruggero Bonghi
Muratori
Via P. Villari
Mus. St. d. Liber. di Roma
Manzoni
Via S. Quintino
Statilia
in Gerusalemme
Via G. Sommeiller
Museo d. Strumenti Musicali
Pza. S. Croce in Gerusalemme
S. Croce in Gerusalemme
Anfiteatro Castrense
S. Marcellino
Viale Manzoni
V. Merulana
V. Matteo Boiardo
Casino Massimo
Via Amedeo VIII
Via Ludovico d. Savoia
Biancamano
Viale Carlo Felice
Castrense
Laterano
Coronati
V. D. Fontana
Scala Santa
Pza. S. Giovanni in Laterano
Pal. Laterano
Pza. Pta. S. Giovanni
Battistero
San Giovanni in Laterano
Piazzale Appio
San Giovanni
Via la Spezia
Via Monza
Via Isernia
Via dell'Amba Aradam
Via dei Laterani
Via Locri
Via Magna Grecia
Via Veio
Via Appia
Via Urbino
Via Cesena
Via Aosta
Taranto
Via Pinerolo
Via d. Ferratella in Laterano
Ple. Ipponio
Viale Ipponio
Via Sannio
Via Amiterno
Via Faleria
Pza. dei Re di Roma
Re di Roma
V. Vercelli
Via Gallia
Via Anglona
Via Illiria
Via Apulia
Via Olbia
Via Luni
Via Soana
Via Cerveteri
Pza. Tuscolo
Via Pomezia
Via Ceneda
Via Albalonga
Via Nuova
Via Alesia
Pannonia
Via Licia
Via Iberia
Via Saturnia
Via Recina
V. Britannia
Via Etruria
Via Cutilia
Via Dacia
Via Sisa
Via Solunto
Via Acqui
Via B. M. de Mattias
Piazza Epiro
Via Collazia
Piazza Armenia
Imera
S. Giovanni a Pta. Latina
Porta Latina
Via Latina
Metronio
Via Populonia
Via Acaia
Via Satrico
Piazza Zama
Solunto
Sepolcro d. Scipioni
Via S. Sebastiano
Via Camerino
Via Vetulonia
Via Siria
Circonvallazione Appia
Via Michele Amari
Piazza Galeria
Via Cilicia
Via Bitinia
Via Segesta
Via Latina
Via Tommaso da Celano
Via Gregorovius
Macedonia
Porta S. Sebastiano
Ardeatina
Via Appia Antica
Via Egitto
Lidia
Traiano
Via delle Mura Latine
21
22
23
24
0
300 m
N
© MERIAN-Kartographie

Kartenregister

IV Nov., Via 114, A16
XX Settembre, Via 114, B15
XXIV Maggio, Via 114, B16

A
A. Bellani, Via 117, D20
A. Borelli, Via 115, F14
A. Brotterio, Via 113, D9
A. Brunetti, Via 113, E12
A. Cancani, Via 110, A8
A. Canova, Via 113, F10
A. Caroncini, Via 110, B7
A. Colautti, Via 116, C19
A. De Gasperi, Via 112, B12
A. Depretis, Via 114, C15
A. Fleming, Via 109, E1
A. Gramsci, Via 109, F4
A. Leducq, Via 117, D18
A. Magnani, Via 110, C6
A. Masina, Via 117, D17
A. Mordini, Via 113, D9
A. Moro, Piazzale 115, F15
A. Musa, Via 115, E14
A. Papa, Via 109, D4
A. Poerio, Via 116, C20
A. Poliziano, Via 119, D21
A. Regolo, Via 113, D10
A. Rendano, Via 111, F5
A. Ristori, Via 110, C6
A. Romano, Via 109, D2
A. Saffi, Viale 117, D19
A. Salandra, Via 114, C14
A. Sarti, Largo 109, E21
A. Secchi, Via 110, C6
A. Toscani, Via 116, B20
A. Varisco, Via 112, B9
A. Vesalio, Via 115, E13
A. Vespucci, Via 117, E19
A. Volta, Via 117, F19
Abruzzi, Via 114, B14
Acaia, Via 119, D22
Acheruso, Via 111, F7
Acqua Acetosa, Lungotevere dell 109, E1
Acqui, Via 119, F23
Adda, Via 114, C13
Adige, Via 111, D8
Adriana, Piazza 113, E11
Agonista, Via dell 110, B6
Agri, Via 111, D8
Ajaccio, Via 111, E8
Alassandria, Via 115, E13
Albalonga, Via 119, F23
Albania, Piazza 118, A23
Alberico II, Via 112, C11
Alberto Caidolo, Via 108, A4
Alberto Mario, Via 116, C19
Albina, Piazza 118, A23
Aldo Manuzio, Via 117, E19
Ales. Farnese, Via 113, D9
Alesia, Via 119, D23
Alessandria, Piazza 115, D13
Alessandria, Via 115, D14
Alessandria, Via 114, A16
Alessandro Poerio, Via 117, D20
Alfieri, Via 119, D21
Alfredo Casella, Via 111, F5
Allessandro Torlonia, Via 115, F13
Altovitti, Lungotevere d. 113, D11
Amba Aradam, Via dell 119, D22
Ambrogio Traversari, Via 117, D20
Amedeo VIII, Via 119, E21
Amiterno, Via 119, E22
Anapo, Via 111, E7
Ancona, Via 115, D14
Andrea Doria, Via 112, B10
Angelico, Borgo 112, C10
Angelico, Viale 112, C11
Angelo Emo, Via 112, A11
Anglona, Via 119, D23
Anguillara, Lungotevere d. 117, F18
Anicia, Via 117, F18
Anna Faustina, Via 118, A23
Annia, Via 118, C22
Annibaldi, Via degli 118, B21
Annibaliano, Piazza 111, F7
Annone, Via 111, F7
Anton Giulio Barrili, Via 116, C19
Antoniana, Via 118, C23
Antonina, Via 118, B23
Antonino di S. Giuliano, Via 108, C17

Antonio Bertoloni, Via 110, A7
Antonio Bosio, Via 115, F13
Antonio Cesari, Via 116, C19
Antonio Gramsci, Via 109, F4
Antonio Mancini, Piazza 109, D2
Antonio Nibby, Via 111, F8
Antonio Pignat., Via 116, B20
Anzani, Largo 117, E19
Aosta, Via 119, F22
Apollodoro, Piazza 109, E2
Appennini, Via degli 111, E8
Appia Antica, Via 119, D24
Appia, Circonvallazione 119, F24
Appia Nuova, Via 119, E22
Apulia, Via 119, D23
Aracoeli, Piazza 114, A16
Aranciera, Viale d. 114, A13
Arbia, Via 111, E7
Archiano, Via 111, E7
Archimede, Via 109, F3
Arenula, Via 117, F17
Argentina, Via 109, F2
Armenia, Piazza 119, E23
Armi, Lungotevere delle 113, E9
Arnoldo da Brescia, Lungotevere 113, E9
Arrigo Boito, Viale 111, F5
Arrigo VII, Largo 118, A22
Artigiani, Lungotevere d. 117, E20
Artisti, Via d. 114, B14
Ascianghi, Via 117, E18
Asmara, Via 111, F7
Augusta, Lungotevereín 113, F10
Augusto, Piazza 113, F10
Aurelia Antica, Via 114, A12
Aurelia, Via 112, B11
Aureliana, Via 114, C14
Aurelio, Piazzale 116, C17
Aurelio Saffi, Via 117, D18
Austria, Via 109, E1
Aventina, Via 118, B23
Aventino, Lungotevere 117, F18
Aventino, Viale 118, A23

B
B. Ammannati, Via 109, E4
B. Bossi, Via 118, A24
B. Bricci, Via 116, C18
B. Cairoli, Piazza 113, F12
B. Eustacchio, Via 115, E13
B. Franklin, Via 117, E19
B. Gastaldi, Piazza 109, E4
B. Gigli, Piazza 114, C15
B. M. de Mattias, Via 119, D23
B. Musolino, Via 117, E19
B. Peruzzi, Via 118, A23
B. Tortolini, Via 109, F3
Babuino, Via del 113, F10
Bacchiglione, Via 111, E7
Baccina, Via 114, B16
Baccio Baldini, Via 117, D20
Bainsizza, Piazza 108, C4
Banchi Fel.ic., Via d. 113, D11
Banchi Vecchi, Via 113, D12
Barberini, Piazza 114, B15
Barberini, Via 114, B15
Bari, Via 115, F14
Barletta, Via 112, C10
Barnaba Oriani, Via 110, A7
Basento, Via 114, C13
Bastioni di Michelangelo, Via 112, B10
Bcc. S. Spirito, Via 113, D11
Belgrado, Largo 109, F3
Belle Arti, Viale delle 109, E4
Belluno, Via 115, F13
Belvedere, Via del 112, C11
Benedetta, Via 117, E17
Bentivoglio, Via dei 117, E17
Bergamo, Via 115, D13
Bernardino da Feltre, Piazza 117, E18
Bernardino Telesio, Via 112, B10
Bezzecca, Via 115, D14
Bezzi, Via 117, E20
Biscione, Via d. 113, E12
Bitinia, Via 119, E24
Bligny, Piazza 110, C7
Bocca d. Verità, Piazza 118, A21
Bocca di Leone, Via 113, F10
Boezio, Via 113, D10

Bolognesi, Via 116, C18
Bolsena, Via 119, D1
Boncompagni, Via 114, B14
Borghese, Piazza 113, F11
Borgo, 112, C11
Borgognona, 114, A15
Boschetto, Via dei 114, B16
Bott. Oscure Via S. Marco, Via 113, F12
Bradano, Via 111, F7
Brasile, Piazzale 114, B14
Bressanone, Via 111, F8
Britannia, Via 119, E23
Brunelleschi, Via 109, D2
Bruno Buozzi, Viale 110, A8
Bruno Emilio Faà, Via di 112, B9
Buenos Aires, Piazza 111, D8
Bulgaria, Via 109, D23
Busiri Vici, Via 116, C19

C
C. Alberto, Via 115, D16
C. Ardeatine, Viale delle 118, A24
C. Beccaria, Via 113, E9
C. Botta, Via 119, D21
C. Cattaneo, Via 115, D16
C. Emanuele I, Via 119, E21
C. Farini, Via 114, C16
C. Fracassini, Via 109, E3
C. Monteverdi, Via 110, C8
C. Pascarella, Via 117, D19
C. Pisacane, Via 116, C19
C. Ponzio, Via 118, A23
C. Porta, Via 117, D20
C. Romano, Piazza d. 113, F12
Cagliari, Via 115, D13
Caio Cestio, Viale 117, F20
Caio Mario, Via 112, C10
Cairoli, Via 119, E21
Calabria, Via 114, C14
Calandrelli, Via 117, D18
Cameria, Via 119, D24
Cammilluccia, Via dei 108, A2
Campi Sportivi, Via dei 110, A6
Campidoglio, Piazza d. 118, A21
Campo Boario, Viale del 117, E20
Campo de'Fiori, Piazza 113, E12
Campo, Via d. 113, F11
Canada, Via 109, E2
Candia, Via 112, B10
Caorle Strozzi, Via 108, B4
Capo d'Africa, Via d. 118, C21
Capo di Ferro, Piazza 117, E17
Capocci, Via 114, C16
Capodistria, Via 111, E8
Capole Case, Via 114, A15
Caravita, Via d. 113, F12
Cardinale Consalvi, Piazzale 109, D1
Carissimi, Via 110, B8
Carlo Felice, Viale 119, E22
Carrozze, Via delle 113, F10
Carso, Viale 108, C4
Casperia, Via 111, F6
Cassia, Via 109, D1
Cassiodoro, Via 113, D10
Castelfidardo, Via 115, D14
Castello, Lungotevere 113, D11
Castrense, Viale 119, E22
Castro Pretorio, Via 115, E15
Castro Pretorio, Viale 115, D14
Catalana, Via 117, F17
Cava Aurelia, Via della 112, B12
Cava Aurelia, Via della 112, B12
Cavalieri di Vittori, Viale dei 108, A4
Cavalli Marini, Viale dei 114, B13
Cavour, Piazza 113, E10
Cavour, Ponte 113, F11
Cavour, Via 114, B16
Cefalo, Via 119, E24
Celimontana, Piazza 118, C22
Celio Vibenna, Via 118, B21
Cenci, Lungotevere dei 117, F17
Ceneda, Via 119, E23

Cerchi, Via dei 118, A22
Ceresio, Via 111, E7
Cernaia, Via 114, C15
Ceveteri, Via 119, E23
Cesare de Lollis, Via 115, F15
Cesena, Via 119, F22
Cestari, Via 113, F12
Cestio, Ponte 117, F17
Chiana, Via 111, D8
Chiavari, Via 113, E12
Chigi, Largo 113, F11
Cicerone, Via 113, D10
Cilicia, Via 119, D24
Cinque Giornate, Piazza 113, E9
Cinquecento, Piazza dei 115, D15
Cipro, Via 112, A10
Circo Massimo, Via del 118, A22
Claudia, Via 118, C21
Clementino, Via d. 113, F11
Clitunno, Via 111, D8
Clodia, Circonvallazione 108, C4
Clodio, Piazzale 108, B4
Col di Lana, Via 109, D4
Cola di Rienzo, Piazza 113, D10
Cola di Rienzo, Via 112, C10
Collalto Sabino, Via 111, F6
Collazia, Via 119, E23
Colli della Farnesina, Via dei 108, C1
Collina, Via 114, C14
Colonna, Piazza 113, F11
Colonna, Via 113, E11
Colosseo, Piazza del 118, C21
Colosseo, Via dei 118, B21
Commercio, Via del 117, F20
Como, Via 115, F14
Conciatori, Via dei 117, F20
Conciliazione, Via d. 112, C11
Condotti, Via 113, F11
Confienza, Piazza 115, E15
Consolazione, Piazza 118, A21
Consolazione, Via 118, A21
Consulta, Via d. 114, B16
Conte Verde, Via 119, E21
Coppelle, Piazza d. 113, F11
Coppelle, Via d. 113, F11
Coronari, Via dei 113, D11
Corridori, Via d. 112, C11
Corsi, Via del 115, F16
Corsica, Via 111, E8
Corsini, Via 117, D17
Corso, Via del 113, F11
Costabella, Via 109, D4
Cottolengo, Via del 112, A12
Crati, Piazza 111, E7
Crescenzio, Via 113, D10
Croce Rossa, Piazza d. 115, D14
Croce, Via d. 113, F10
Cucchi, Piazza 116, C18
Cunfida, Via 112, B9
Cutilia, Via 119, E23

D
D. Chellini, Via 110, A7
D. Fontana, Via 119, E22
D. Lubin, Viale 113, F9
D. Manin, Via 115, D16
Dacia, Via 119, E23
Daini, Piazzale dei 114, B13
Dalmatia, Piazza 115, F13
Damiata, Via 113, D9
Dante, Piazza 119, D21
Dardanelli, Via 108, C4
Dataria, Via d. 114, A15
Delfini, 117, F17
Digione, Via 110, B7
Discoboli, Via dei 108, B1
Dom. A. Azuni, Via 113, E9
Domus Aurea, Viale 118, C21
Donatelo, Via 109, E3
Donna Olimpia, Piazza di 116, B19
Donna Olimpia, Via di 116, B19
Dorando Pietri, Via 109, E3
Druso, Via 118, C23
Duca d'Aosta, Ponte 108, C2
Duca F. Borgoncini, Piazza 112, A12
Due Macelli, Via 114, A15
Duilio, Via 113, D10

Kartenregister

E
E. Fioritto, Largo 118, B23
E. Lami, Via 116, A20
E. Morosini, Via 117, E18
E. Rosa, Via 118, B23
E. Vajna, Via 110, B6
E. Ximenes, Via 109, F3
Edmondo de Amicis, Via 108, A2
Edoardo Jenner, Via 116, A20
Egitto, Via 119, E24
Eleonora Duse, Via 110, B6
Elvezia, Largo 110, A7
Emanuele Filiberto, Via 119, E2
Emporio, Piazza d. 117, F18
Ennio Q. Visconti, Via 113, D10
Enrico Dunant, Piazzale 116, C20
Epiro, Piazza 119, D23
Equi, Via d. 115, F16
Eritrea, Viale 111, F7
Eroi di Cefal., Via d. 108, B4
Eroi, Piazzale degli 112, A10
Esculapio, Viale 114, A13
Esquilino, Piazza d. 114, C16
Esteri, Affari 108, C1
Etruria, Via 119, E23
Ettore Petrolini, Via 110, C6
Ettore Rolli, Via 117, D20
Euclide, Piazza 110, A7
Eudossiana, Via 118, B21
Ezio, Via 113, D10

F
F. Biondo, Piazza 117, D20
F. Cornaro, Via 116, C20
F. Corridoni, Via 108, C4
F. Crispi, Via 114, A15
F. D. Guerrazzi, Via 116, C19
F. di Fauno, Via 118, A22
F. di Savoia, Via 113, F10
F. Duodo, Via 112, A11
F. La Guardia, Viale 114, A13
F. Massimo, Via 112, C10
F. Palasciano, Via 116, A20
F. Rosazza, Via 117, D19
F. S. Sprovieri, Via 116, C18
F. Siacci, Via 110, B8
F. Torre, Via 116, C19
Fabio Lucio Cilone, Via 118, B23
Fabiola, Via 116, A20
Fabricio, Ponte 117, F17
Falco, Via 112, C11
Faleria, Via 119, E23
Fante, Piazza del 109, D4
Farnese, Piazza 113, E12
Farnesina, Lungotevere della 113, D12
Farnesina, Piazzale della 108, C1
Farneto, Via 108, A1
Federico Cesi, Via 113, E10
Federico Ozanam, Via 116, A20
Fedro, Via 112, A9
Felice Cavallotti, Via 116, C20
Ferratella in Laterano, Via d. 119, D22
Ferruccio, Via 119, D21
Filippo Civinini, Via 110, A7
Filippo Turati, Via 115, D16
Fiorentini, Lungotevere d. 113, D11
Firenze, Via 114, C15
Fiume Pta. Salaria, Piazza 114, C13
Fiume, Via di 113, F10
Flaminia, Via 109, D1
Flaminia, Via 109, E4
Flaminio, Piazzale 113, F9
Flaminio, Ponte 109, E1
Flavia, Via 114, C14
Florio, Via 117, E19
Fogliano, Via 111, E7
Font. Borghese, Via 113, F11
Fontana, Via d. 115, E13
Fonte Acqua A., Via d. 110, A6
Fonteiana, Piazza 116, B19
Fonteiana, Via 116, B19
Fori Imperiali, Via dei 114, A16
Forli, Via 115, F14
Fornaci di Tor di Quinto, Via di 109, F1
Foro Italico, Piazzale del 108, C2
Foro Italico, Via del 110, A5
Foro Italico, Viale del 108, C2
Forte Antenne, Via d. 111, D5
Fossa, Via d. 113, E12
Fra'Albenzio, Via 112, A10
Francesco Dall'Ongaro, Via 117, D19
Francesco Denza, Via 110, A7
Francia, Corso di 109, E1
Frat. Bandiera, Via 117, D19
Fratelli Bonnet, Via 116, C18
Frattina, Via 114, A15
Frentani, Via dei 115, E15
Frezza, Via d. 113, F10
Friuli, Via 114, B14
Fuga, Via 109, D2
Funari, Via d. 117, F17

G
G. A. Guattani, Via 111, F8
G. Alberoni, Via 111, F8
G. Amendola, Via 115, D15
G. Antonelli, Via 110, A7
G. B. Falda, Via 116, C19
G. B. Morgagni, Via 115, E14
G. B. Niccolini, Via 116, C19
G. Baccelli, Viale 118, B23
G. Battista Bodoni, Via 117, E19
G. Battista de Rossi, Via 115, F13
G. Belli, Piazza 117, F17
G. Bernieno, Via 118, A22
G. Bruzzesi, Via 116, C18
G. Calderini, Via 109, D2
G. Carducci, Via 114, B14
G. Castellini, Via 110, B7
G. Cavalcanti, Via 116, C20
G. Ceracchi, Via 109, E3
G. Chiarini, Largo 118, A22
G. D'Annunzio, Viale 113, F10
G. de Martino, Largo 108, B2
G. del Monte, Via 109, F3
G. di Gallese, Via 116, A20
G. Ferrari, Via 113, D9
G. Filangieri, Via 113, E9
G. G'Arezzo, Via 110, C8
G. Garibaldi, Via 117, D17
G. Giusti, Via 119, D21
G. L. Bernini, Piazza 118, A23
G. M. Crescimbeni, Via 118, C21
G. M. Lancisi, Via 115, E14
G. Manneli, Via 117, D18
G. Martini, Via 110, C8
G. Matteotti, Ponte 113, E9
G. Mazzini, Piazza 113, D9
G. Mazzini, Ponte 113, D12
G. Miani, Via 118, A24
G. Missori, Via 112, C12
G. Nicotera, Via 109, D4
G. Parrasio, Via 117, D20
G. Romano, Via 109, D2
G. Rossetti, Via 116, C19
G. Sacchi, Via 117, D18
G. Sacconi, Via 109, D2
G. Sommeiller, Via 115, D15
G. Spontini, Via 110, C8
G. Venticinque, Via 112, A10
G. Verdi, Piazza 110, C8
G. Vitteti, Largo 116, C19
G. Volpato, Via 117, D20
G. Volpi, Viale 108, C1
Gaeta, Via 115, D14
Galeno, Piazza 115, E14
Galeria, Piazza 119, E24
Galileo Galilei, Via 119, D21
Gallia, Via 119, D23
Galvani, Via 117, F19
Gambero, Via d. 114, A15
Garibaldi, Ponte 117, E17
Garigliano, Via 111, D8
Gelsomino, Vicolo del 112, A12
Gen. dalla Chiesa, Via 112, C9
Gen. Gonz. del Vodice, Largo 109, D4
Genova, Via 114, B15
Genovesi, Via dei 117, F17
Gentile de Fabriano, Piazza 108, C3
Germanico, Via 112, C10
Gerolamo Dandini, Via, 118, A24
Gesù, Via d. 113, F12
Giacchino Rossini, Viale 110, B8
Giacinta Pezzana, Via 110, C6
Giacinto Carini, Via 116, C18
Giacomo Medici, Via 117, D18
Gian G. Porro, Via 110, B5

Gianicolense, Circonvallazione 116, A20
Gianicolense, Lungotevere 113, D12
Gianicolensi, Via, 116, C18
Gianicolo, Passeggiata del 116, C17
Gianicolo, Via del 112, C12
Giardino Zoologico, Viale del 114, A13
Gioacchino Belli, Via 113, E10
Giordani, Via dei 111, E6
Giotto, Viale 118, A24
Giov. da Castel, Via 117, E20
Giov. Lanza, Via 114, C16
Giovagnoli, Via 116, C19
Giovanni Bettoio, Via 112, B9
Giovanni Branca, Via 117, E19
Giovanni da Empoli, Via, 117, F20
Giovanni Giolitti, Via 115, D16
Giovanni Giolitti, Via 119, F21
Giovanni Paisiello, Via 110, B8
Giubbonari, Via d. 113, E12
Giulia, Via 113, E12
Giuliana, Via della 112, D9
Giuliana, Via della 112, B9
Giulio Cesare, Viale 112, C10
Giulio Gaudini, Via 109, F2
Giuseppe Garibaldi, Piazzale 116, C17
Giuseppe Mangili, Via 110, A8
Giusti, 119, D21
Giustiniani, Via 113, F11
Gladiatori, Viale dei 108, B2
Glorioso, Viale 117, D18
Goito, Via 115, D14
Goldoni, Largo 113, F11
Gomenizza, Via 108, B4
Gorizia, Viale 111, E8
Governo Vecchio, Via d. 113, E12
Gr. Amm. Thaon di Revel, Lungotevere 109, D2
Gracchi, Via dei 113, D10
Gradisca, Via 111, F8
Gran Bretagna, Via 109, E2
Greca, Via d. 117, F17
Greci, Via d. 113, F10
Gregoriana, Via 114, A15
Gregorio VII, Via 112, A12
Gregorovius, Via 109, F2
Guerrieri, Via 118, B23
Guido Baccelli, Viale 118, B23
Guido Guinizelli, Via 116, C20
Guido Reni, Via 109, D3

I
I. Nievo, Piazza 117, D19
I. Nievo, Via 117, D19
Iberia, Via 119, D23
Icilio, Via 118, A23
Illiria, Via 119, E23
Imera, Via 111, F7 (Imera, Via 111 E6? — Imera, Via 119, E23)
Imperia, Via 115, F14
India, Via 109, F2
Indipendenza, Piazza 115, D15
Industria, Piazza dell 117, E20
Innocenzo III, Via 112, B12
Ipponio, Piazzale 119, D22
Ipponio, Viale 119, D22
Isernia, Via 119, F22
Isonzo, Via 114, C13
Istria, Piazza 111, F7

J
J. da Ponte, Via 109, F4
J. Palach, Piazza 109, E1
J. Peri, Via 114, C13
Jugario, Via 118, A21
Jugoslavia, Via 109, F1

L
L. Ariosto, Via 119, D21
L. Bissolati, Via 114, B14
L. Boccherini, Via 110, C8
L. Caro, Via 113, E10
L. d. Robbia, Via 117, E19
L. de Bosis, Piazza 108, C2
L. di Monreale, Via 116, B19
L. di Savoia, Via 113, E9
L. Einaudi, Via 114, C15
L. Franchetti, Via 108, C2
L. Luciani, Via 110, A8
L. Manara, Via 117, E17
L. Mancinelli, Via 111, F5
L. Muratori, Via 119, D21
L. Vidaschi, Via 116, A20
L. Zambarelli, Via 116, A20

La Goletta, Via 112, B10
Labicana, Via 118, C21
Lago di Lesina, Via 111, E7
Lamarmora, Via 115, E16
Lariana, Via 111, D7
Laterani, Via dei 119, D22
Laura Mantegazza, Via 116, B20
Lazzaro Spallanzani, Via 115, E13
Ledro, Piazza 111, E7
Leonetto, Via d. 113, F11
Leonina, Via 114, B16
Leopardi, Via 119, D21
Lepanto, Via 113, D9
Libertà, Piazza della 113, E10
Licia, Via 119, D23
Licinio Calvo, Via 108, A3
Lidia, Via 119, E24
Liegi, Viale 110, C8
Liguria, Via 114, B14
Lima, Via 110, C7
Lisbona, Via 110, C7
Livenza, Via 114, C13
Locri, Via 119, E22
Lombardia, Via 114, B14
Lorenzo Valla, Via 116, C20
Lovanio, Via 110, C8
Lucani, Via dei 115, F16
Luce, Via della 117, E18
Luce, Via della 117, E18
Luceri, Via dei 115, F16
Lucilio, Via 108, A3
Lucrino, Via 111, F6
Lucullo, Via 114, B14
Ludovico S. Savoia, Via 119, E22
Ludovisi, Via 114, B14
Luigi Rizzo, Via 112, A10
Luigi Settembrini, Via 113, D9
Lungara, Via della 113, D12
Lungara, Via della 113, D12
Lungaretta, Via della 117, E17
Lungaretta, Via della 117, E17
Luni, Via 119, E23

M
M. Amato, Via 112, B9
M. Aurelio, Via 118, C21
M. Buonarroti, Via 119, D21
M. Carcani, Via 117, E18
M. Clementi, Via 113, E10
M. Colonna, Via 113, D10
M. d'Azeglio, Via 114, C15
M. de Fiori, Via 114, A15
M. Fanti, Piazza 115, D16
M. Gelsomini, Viale 117, F19
M. Generali, Via 117, F20
M. Longhi, Via 109, D2
M. Malpighi, Via 115, E13
M. Mercati, Via 110, A8
M. Odescalchi, Via 116, B20
M. Prestinari, Via 109, D4
Macchia d. Farnesina, Via d. 108, C1
Macchia Madama, Via di 108, A2
Macedonia, Via 119, F24
Maderno, Via 118, A23
Madonna d. Salette, Piazza 116, B20
Magenta, Via 115, D15
Magna Grecia, Via 119, E23
Magnanapoli, Largo 114, A16
Magnolie, Viale delle 114, A13
Malta, Via 111, E8
Mandorlo, Piazzale del 110, A6
Manila, Piazzale 109, E3
Manlio Gelsomini, Largo 117, F19
Mantellate, Via d. 113, D12
Mantova, Via 115, D13
Manzoni, Viale 119, E21
Marcantonio Bragadin, Via 112, A10
Marcella, Via 118, A23
Marco Polo, Viale 118, A24
Maresc. Diaz, Largo 109, D2
Maresc. Giardino, Piazza 108, C2
Marescialla Cadorna, Lungotevere 108, C3
Marescialla Caviglia, Via 109, D1
Marescialla Diaz, Lungotevere 108, C2
Marghera, Via 115, D15
Margutta, Via 113, F10

Marina, Piazza della 113, E9
Marmorata, Via 117, F19
Marrucini, Via d. 115, F15
Marsala, Via 115, E15
Marsi, Via de' 115, F16
Martignano, Via 111, F7
Martiri, Piazzale dei 114, A13
Marzio, 113, F11
Marzio, Lungotevere 113, E11
Masaccio, Via 109, D2
Mascherino, Via d. 112, C11
Massaciuccoli, Via 111, F7
Mastai, Piazza 117, E18
Mastro Giorgio, Via 117, F19
Mattei, Piazza 113, F12
Matteo Boiardo, Via 119, D21
Mecenate, Via 119, D21
Medaglie d'Oro, Piazzale delle 108, A3
Medaglie d'Oro, Viale delle 108, A4
Medaglie d'Oro, Viale delle 112, A9
Melania, Via 117, F19
Mellini, Lungotevere 113, E10
Meloria, Via d. 112, A10
Melozzo da Forli, Piazza 109, D3
Mercadante, Via 110, B8
Mercantini, Via 116, C18
Merulana, Via 119, D21
Metauro, Via 110, C8
Metronio, Piazzale 119, D23
Metronio, Viale 119, D23
Metrop. Pietro Nenni, Piazza 113, E9
Michelangelo, Lungotevere 113, E10
Michele Amari, Via 119, F24
Mignanelli, Piazza 114, A15
Milano, Via 114, B16
Milazzo, Via 115, D15
Milizie, Viale delle 112, C10
Mille, Via del 115, D15
Millelire, Via 112, A10
Milvio, Ponte 109, D1
Minerva, Piazza d. 113, F12
Minist., Viale 108, C1
Modena, Via 114, C15
Monserrato, Via d 113, E12
Montbuono, Via 111, F6
Monte de' Cenci, Via 117, F17
Monte del G., Via d 112, B12
Monte del Gallo, Clivo di 112, B12
Monte del Gallo, Via di 112, B12
Monte Grappa, Piazza 109, E4
Monte Oppio, Viale del 118, C21
Monte Santo, Via 112, C9
Monte Testaccio, Via 117, F20
Monte Verde, Via di 116, B20
Monte Zebio, Via 109, D4
Montebello, Via 115, D14
Montecitorio, Piazza 113, F11
Monterotondo, Via 111, F6
Montevideo, Via 110, C7
Monti d. Farnesina, Via d. 108, B1
Monti Parioli, Via de 109, F4
Monzambano, Via 115, E15
Moro, Via del 117, E17
Moschea, Viale della 110, A6
Moschea, Viale della 110, C5
Mte. Brianzo, Via d. 113, E11
Mte. delle Gioie, Via 111, E6
Muggia, Via 108, C4
Mura Aurelie, Viale delle 116, C17
Mura Gianic., Via d. 117, D19
Mura Latine, Via delle 119, D24
Mura Portuensi, Via d. 117, E18
Mura, Viale delle 116, C18
Muratte, Via d. 114, A15
Muro Torto, Viale del 113, F9
Mus. Borghese, Viale del 114, B14
Muse, Piazza delle 110, B6
Muziano, Via 109, D3

N

N. Canevaro, Via 108, C2
N. Machiavelli, Via 119, D21
N. Martelli, Via 109, F3
N. Oxilia, Via 110, B7
N. Ricciotti, Via 113, D9
N. Salvi, Via 118, B21
Napoleone III, Via 115, D16
Napoli, Via 114, C15
Navi, Lungotevere delle 113, E9
Navicella, Via della 118, C22
Navona, Piazza 113, E12
Nazareno, Via del 114, A15
Nazionale, Via 114, B16
Nazionale, Via 114, C15
Nemorense, Via 111, F7
Nemorense, Via 111, F7
Nepi, Via 109, D1
Nerva, Via 114, C14
Nicola Fabrizi, Viale 117, D18
Nicola Zabaglia, Via 117, F19
Nicolò III, Via 112, B12
Nicolò Piccinni, Via 111, E7
Nicolò V, Via 112, A11
Nino Bixio, Via 119, E21
Nizza, Via 115, D13
Nomentana, Via 115, D14
Norvegia, Via 109, E2
Novella, Piazza di 111, F6
Novella, Via di 111, F6
Numa Pompilio, Piazzale 118, C23
Nuova d. Fornaci, Via 112, C12

O

O. Beccari, Viale 118, B24
O. Giustiniani, Piazza 117, F20
O. Regnoli, Via 116, C18
Oberdan, Lungotevere 109, D4
Oglio, Via 111, D8
Olanda, Via 109, E2
Olbia, Via 119, E23
Olimpiadi, Viale delle 108, B2
Olmata, Via d. 114, C16
Ombrone, Via 115, D13
Orazio, Via 113, D10
Orsini, 113, E10
Orso, Via dell 113, E11
Orti della Farnesina, Via degli 109, D1
Orti di Trastevere, Via d. 117, E19
Orvinio, Via 111, F6
Oslavia, Via 108, C4
Ostiense, Piazzale 118, A24
Ostiense, Via 117, F20
Ostilia, Via 118, C21
Ostriana, Via 111, F6
Otranto, Via 112, C10
Ottaviano, Via 112, C10
Ottavilla, Piazza 116, B18

P

P. Borghese, Piazza 114, A13
P. Borsieri, Via 112, C9
P. Canonica, Vale 114, A13
P. Caselli, Via 117, F19
P. Castaldi, Via 117, D20
P. Cavallini, Via 113, E11
P. Cossa, Via 113, E10
P. de Coubertin, Viale 109, E2
P. de Coubertin, Viale 109, E2
P. Dodi, Piazza 108, B1
P. Giannone, Via 112, B10
P. Raimondi, Via 110, B8
P. S. Mancini, Via 113, E10
P. Tacchini, Via 110, A7
P. Villari, Via 119, D21
Pacini, Via 110, C8
Paglia, Via d. 117, E17
Palatino, Piazza 117, F17
Palermo, Via 114, B16
Palestro, Via 115, D14
Palumbo, Via 112, B9
Panama, Via 110, C7
Panaro, Via 111, E7
Panetteria, Via d. 114, A15
Panisperna, Via 114, B16
Pannini, Via 109, D2
Pannonia, Via 119, D23
Pantano, Via 116, B20
Paolina, Via 114, C16
Paolo Boselli, Viale 108, C1
Paolo Emilio, Via 113, D10
Parboni, Via 117, D19
Parco d. Vittoria, Viale del 108, A3
Parco del Celio, Via d. 118, C22
Parco della Rimembranza, Piazzale del 110, A6
Parigi, Via 114, C15
Parioli, Salita de 109, E3
Parioli, Viale dei 110, B5
Parioli, Viale dei 110, B7
Pariole, Via 113, E12
Parlamento, Piazza d. 113, F11
Parma, Via 114, B16
Partigiani, Piazzale dei 118, A24
Pasquale Revoltella, Via 116, B20
Pastini, Via 113, F12
Pastrengo, Via 114, C14
Pasubio, Via 109, D4
Pavia, Via 115, F14
Pell. Matteucci, Via 118, A24
Pellegrino, Via d. 112, C11
Pellegrino, Via del 113, E12
Penitenzieri, Via d. 112, C11
Pentathlon, Via del 110, B6
Perosi, Largo 113, D12
Petroselli, Via 118, A21
Pettinari, Via d. 117, E17
Pia, Piazza 113, D11
Piacenza, Via 114, B16
Piave, Via 114, C14
Piemonte, Via 114, C14
Pier della Francesca, Via 109, D3
Pierleoni, Lungotevere 117, F17
Pietra, Piazza d. 113, F11
Pietro Antonio Micheli, Via 110, A7
Pietro Cartoni, Via 116, A20
Pietro Gobetti, Viale 115, E15
Pietro Mascagni, Via 111, F5
Pilotta, Piazza 114, A16
Pilotta, Via d. 114, A16
Pinciana, Porta 114, B14
Pinciana, Via 114, B14
Pinerolo, Via 119, F23
Pinturicchio, Viale 109, D3
Pio, Borgo 112, C11
Pio Foà, Via 116, A19
Pio XII, Piazza 112, C11
Piramide Cestia, Via d. 118, A23
Pisano, Via 109, F3
Pitagora, Piazza 110, B8
Plebiscito, Via d. 113, F12
Plinio, Via 113, D10
Po, Via 114, C13
Poggio Catino, Via di 111, F6
Poggio Moiano, Via 111, E5
Pola, Viale 111, E8
Polonia, Via 110, C7
Pomezia, Via 119, F23
Pompeo Magno, Via 113, D10
Ponte Salario, Via di 110, C5
Popolo, Piazza del 113, F10
Populonia, Via 119, E24
Porta Angelica, Via d. 112, C11
Porta Ardeatina, Viale di 118, C23
Porta Capena, Piazza di 118, B22
Porta Cast., Via 113, D11
Porta Fabbrica, Via d. 112, B12
Porta Labicana, Via 115, F16
Porta Latina, Via di 118, C23
Porta Lavernate, Via d. 117, F18
Porta Maggiore, Via 119, E21
Porta Pia, Piazza di 115, E14
Porta Pinciana, Via di 114, A14
Porta S. Lorenzo, Via di 115, E16
Porta S. Sebastiano, Via di 118, C23
Porta Tuburtina, Viale di 115, E15
Porto Fluviale, Via del 117, F20
Portuense, Clivo 117, E20
Portuense, Lungotevere 117, E20
Portuense, Via 117, D20
Portuense, Via 117, E19
Pr. Am. Sav. Aosta, Piazza 113, D11
Pr. Amedeo, Gal. 112, C11
Pr. Eugenio, Via 115, E16
Prati degli Strozzi, Piazza d. 112, B9
Prati, Lungotevere 113, E11
Prefetti, Via d. 113, F11
Pretoriano, Viale 115, E15
Principe Am, Via 114, C15
Principe Umberto, Via 115, E16
Prisciano, Via 108, A3
Priscilla, Piazza di 111, E6
Priscilla, Via di 111, E6
Propaganda, Via d. 114, A15
Properzio, Via 112, C11
Pta. Cavalleggeri, Largo 112, B11
Pta. Cavalleggeri, Via 112, B12
Pta. Maggiore, Piazza di 119, F21
Pta. Metronia, Piazza di 118, C22
Pta. Portese, Piazza di 117, E18
Pta. S. Giovanni, Piazza 119, E22
Pta. S. Lorenzo, Piazza 115, E16
Pta. S. Pancrazio, Via 117, D17
Pta. S. Paolo, Piazza di 118, A23
Pte. Milvio, Piazzale di 109, D1
Pte Testaccio, Piazzale 117, E20
Publici, Clivo dei 118, A22
Puccini, Via 114, C13
Puglie, Via 114, C13
Pupazzi, Viale dei 114, B13
Purificazione, Via 114, B15

Q

Quattro Cantoni, Via 114, C16
Quattro Fontane, Via d. 114, B15
Quattro Venti, Piazza d. 116, C19
Quattro, Viale dei 116, C20
Querceti, Via d. 118, C22
Quintiliano Aristotele, Via 112, A9
Quintino Sella, Via 114, C14
Quirinale, Piazza d. 114, A16
Quirinale, Via d. 114, B15
Quiriti, Piazza dei 113, D10

R

R. Boscovich, Via 110, A7
R. Fiore, Via 112, A11
R. Gessi, Via 117, F19
R. Morra di Lavriano, Via 108, C3
R. Paolucci, Via 116, A19
R. Pilo, Piazza 116, C19
R. Sanzio, Lungotevere 117, E17
R. Stern, Via 109, D3
Ramni, Via dei 115, E16
Rasella, Via 114, B15
Recina, Via 119, E23
Redi Roma, Piazza dei 119, F22
Reg. Margherita, Piazza 113, E10
Reggio Emilia, Via 115, D13
Regina Elena, Viale 115, F14
Regina Margherita, Piazza 115, E13
Regina Margherita, Viale 111, D8
Reno, Via 111, E8
Repubblica, Piazza d. 114, C15
Riari, Via d. 117, D17
Riccardo Grazioli Lante, Via 112, B9
Rinascimento, Corso 113, E11
Ripa Grande, Porto di 117, F18
Ripa, Lungotevere 117, F18
Ripetta, Piazza di 113, F10
Ripetta, Via di 113, F10
Risorgimento, Piazza del 112, C10
Risorgimento, Ponte del 109, E4
Rodi, Via 112, B9
Romagna, Via 114, C14
Romagnosi, G. 113, E9
Romania, Viale 110, C7
Romeo Romei, Via 108, B4
Romolo e Remo, Largo 118, B21
Rosetta, Via d. 113, F11
Rotonda, Piazza di 113, F12
Rovere, Piazza d. 112, C11
Roverella, Via 116, A17
Rovereto, Via 111, F8
Ruggero Bonghi, Via 119, D21

Kartenregister

Ruggero Fauro, Via 110, A6
Rutario, Clivo 116, B19

S

S. Alberto Magno, Via 118, A22
S. Alessio, Via di 118, A23
S. Angelo, Borgo 112, C11
S. Angelo, Ponte 113, D11
S. Anselmo, Via di 117, F19
S. Balbina, Piazza 118, B23
S. Bernardo, Piazza 114, C15
S. Calepodio, Via 116, C19
S. Conca, Via 109, E4
S. Cosimato, Piazza di 117, E18
S. Costanza, Piazza di 111, F8
S. Croce in Gerusalemme, Piazza 119, F21
S. Croce in Gerusalemme, Via 119, E21
S. Domenico, Via 117, F19
S. Emerenziana, Piazza di 111, F6
S. Erasmo, Via di 118, C22
S. Eugenio, Via di 109, F4
S. Eustachio, Piazza 113, F12
S. Evaristo, Via 112, A12
S. Fillippo Martire, Via di 110, C7
S. Franc. d'Assisi, Piazza 117, E18
S. Francesco a Ripa, Via 117, E17
S. Francesco di Sales, Via 113, D12
S. Francescoa Ripa, Vicolo d. 117, E18
S. Gaetano, Via 109, F3
S. Gallicano, Via 117, E18
S. Giovanni in Laterano, Piazza 119, D22
S. Giovanni in Laterano, Via di 118, C21
S. Gregorio, Piazza 118, B22
S. Gregorio, Via di 118, B22
S. Ignazio, Piazza 113, F11
S. Lucio, Via 116, A17
S. M. Liberatrice, Piazza 117, F19
S. M. Maggiore, Via d. 114, C16
S. Magliano, Via 111, F5
S. Maria delle Grazie, Piazza di 112, A10
S. Maria in Trastevere, Piazza 117, E17
S. Maria Magg., Piazza 114, C16
S. Maria Mediatrice, Via di 112, A12
S. Maria, Via 112, B12
S. Marino, Via 111, F8
S. Martino ai M., Via 114, C16
S. Martino d. Batt., Via 115, D14
S. Michele, Via di 117, E18
S. Nicolada, Via 114, B15
S. Onofrio, Sal. di 112, C12
S. Pancrazio, Piazza 116, C18
S. Pancrazio, Via di 116, C18
S. Pantaleo, Piazza 113, E12
S. Paolo d. Croce, Via 118, C22
S. Paolo del Brasile, Viale 114, A13
S. Pellico, Via 112, C9
S. Pietro, Piazza 112, C11
S. Pio X, Via 113, D11
S. Porcari, Via 112, C10
S. Prisca, Piazza 118, A22
S. Quintino, Via di 119, E21
S. Sabina, Via di 117, F18
S. Silverio, Via 112, A12
S. Silvestro, Piazza 114, A15
S. Stefano Rotondo, Via di 118, C22
S. Teatro Marcello, Via d. 118, A21
S. Telesforo, Via 112, C12
S. Teodoro, Via 118, A21
S. Teresa, Via di 114, C13
S. Tommaso d'Aquino, Via 112, A10
S. Uffizio, Via d. 112, C11
S. Valentino, Via di 109, E3
S. Veniero, Via 112, B10
S. Vito, Via 115, D16
Sabazio, Piazza 111, E8
Sabazio, Via 111, E8
Sabelli, Via dei 115, F16
Sabotino, Via 108, C4
Sacra, Via 118, B21
Salaria, Circonvallazione 111, E5
Salaria, Via 111, E5
Salaria, Via 111, E7
Salerno, Piazza 115, F14
Sallustiana, 114, C14
Salumi, Via dei 117, F17
Salvo d'Acquisto, Lungotevere 109, D1
Sangallo, Lungotevere d. 113, D12
Sannio, Via 119, E22
Santa Costanza, Via di 111, F8
Santiago del Cile, Piazza 110, B7
Sardegna, Via 114, B14
Sardi, Via dei 115, F16
Sassari, Piazza 115, F14
Sassia, Lungotevere in 113, D11
Sassoferrato, Via 109, F3
Satrico, Via 119, E23
Saturnia, Via 119, E23
Savastano, Via 110, A7
Savelli, 113, E12
Savoia, Via 115, D13
Savoia-A., 112, C11
Scala, Via di 117, E17
Scarlatti, Via 110, C8
Scauro, Clivo di 118, B22
Scienze, Viale del 115, E15
Scipioni, Via degli 112, C10
Scrofa, Via d. 113, F11
Sebastiano Ziani, Via 112, A10
Sebino, Via 111, E8
Sediari, Via d. 113, F12
Segesta, Via di 118, B22
Seggiola, Via di 117, F17
Selci, Viain 114, C16
Seminario, Via 113, F12
Serpenti, Via dei 114, B16
Servili, Piazza d. 117, F19
Sette Sale, Via di 114, C16
Sette Sale, Via d. 118, C21
Sforza P., Via 113, D11
Sforza, Via 114, C16
Sforzesca, Via d. 115, E15
Sicilia, Via 114, B14
Siculi, Piazzale dei 115, E16
Siena, Piazza di 114, B13
Simeto, Via 110, C8
Siracusa, Via 115, F13
Siria, Via 119, E24
Sirte, Via 111, F7
Sistina, Via 114, A15
Sisto, Ponte 117, E17
Sisto V, Piazzale 115, E16
Soana, Via 119, E23
Socrate, Piazzale 112, A9
Solferino, Via 115, D15
Solunto, Via 119, F23
Somalia, Largo 111, F5
Somalia, Viale 111, E5
Spagna, Piazza di 114, A14
Specchi, Via d. 113, E12
Spezia, Viala 119, F22
Sport, Palazzetto dello 109, E2
SS. Apostoli, Piazza 114, A16
SS. Quattro Coronati, Via dei 118, C21
Stadio Flaminio, Viale dello 109, E3
Stadio Olimpico, Piazzale dello 108, B2
Stadio Olimpico, Viale dello 108, B1
Stati Uniti d'America, Via 109, E2
Statilia, Via 119, E21
Statuto, Via d. 115, D16
Staz. A. Acetosa, Piazzale 110, B6
Staz. di S. Pietro, Via della 112, B11
Staz. Ostiense, Via 118, A24
Staz. Vaticana, Via 112, B11
Stelletta, Via d. 113, F11
Stimigliano, Via 111, F5
Sublicio, Ponte 117, F18
Susa, Via 119, F23
Sutri, Via 109, D1
Svezia, Via 109, E2

T

T. Campanella, Via 112, A10
T. M. Rossi, Via 110, B7
T. Mamiani, Via 115, D16
T. Vipera, Via 116, B20
Tacito, Via 113, D10
Tadolini, Via 108, C3
Tagliamento, Via 111, D8
Tamaro, Via 111, D8
Taranto, Via 119, F22
Taro, Via 111, D7
Tarvisio, Via 111, E6
Tasso, 119, E21
Taurini, Via dei 115, E15
Teatro Pace 113, E12
Teatro Valle, Via d. 113, F12
Tebaldi, Lungotevere dei 113, D12
Tempio di Diana, Piazza 118, A22
Terenzio, Via 113, D10
Terme Deciane, Via d. 118, C21
Terme di Traiano, Via 118, C21
Terme Tito, Via 118, C21
Termedi Caracalla, Largo 118, C24
Testaccio, Piazza 117, F19
Testaccio, Ponte 117, E20
Teulada, Via 108, B4
Teutonica, Via 112, B11
Tevere, Via 114, C13
Tiburtina, Via 115, F16
Tiburtino, Piazzale 115, F16
Timavo, Via 108, C4
Tivoletto, Via del 108, A4
Tiziano, Viale 109, E2
Tiziano, Viale 109, E3
Tolentino, 114, B15
Tolmino, Via 111, E8
Tomacelli, Via 113, F11
Tommaso da Celano, Via 119, F24
Tommaso Salvini, Via 110, C6
Toniolo, Largo 113, F11
Topino, Via 111, E8
Tor de Conti, Via 114, B16
Tor di Quinto, Viale di 109, D1
Tor Torinoza, Via di 111, F6
Tordi Nona, Lungotevere di 113, E11
Tordi Quinto, Ponte 110, A5
Torino, Via 114, C15
Torquato, 119, D21
Torre Argentina, Largo d. 113, F12
Torre Argentina, Via di 113, F12
Torretta, Vicolo d. 113, F11
Toscana, Via 114, B14
Traforo, Via d. 114, A15
Traiano, Arco di 118, C24
Trapani, Via 115, F14
Trasimeno, Piazza 111, E8
Trastevere, Viale di 117, D20
Tre Giugno 1849, Largo 116, C18
Tre Madonne, Via d. 110, B8
Trebbia, Via 115, D13
Trenta Aprile, Viale 117, D18
Trenta Aprile, Via 117, D18
Trento, Piazza 114, E8
Trevi, Piazza di 114, A15
Trevisio, Via 115, F14
Tribonianno, Via 113, E11
Tribunali, Piazza d. 113, E11
Trieste, Corso 111, E8
Trinità dei Monti, Viale d. 114, A14
Trionfale, Circonvallazione 112, A10
Trionfale, Largo 112, B10
Trionfale, Via 108, A4
Tritone, Via del 114, A15
Tronto, Via 111, D8
Turchia, Via 109, F2
Tuscolo, Piazza 119, E23

U

U. Biancamano, Via 119, E22
U. de Morpurgo, Largo 111, E5
U. Novaro, Via 108, C4
U. Rattazzi, Via 115, D16
Uccelliera, Viale dell 114, B13
Udine, Via 115, F14
Ugo Bassi, Via 117, D19
Ugola Malfa, Piazzale 118, A22
Ulisse Aldrovand, Via 110, A8
Ulpiano, Via 113, E11
Umberto I, Ponte 113, E11
Umiltà, Via d. 114, A16
Ungheria, Piazza 110, B8
Unione Sovietica, Via 109, E2
Università, Viale dell 115, E15
Urbana, Via 114, C16
Urbino, Via 119, F22

V

V. Bellini, Via 110, C8
V. Gioberti, Via 115, D16
V. Locchi, Via 110, B7
V. Pisani, Via 112, A10
V. Veneto, Via 114, B15
V. Vespignani, Via 109, D3
Valadier, Via 113, D10
Vallati, Lungotevere d. 117, E17
Valle delle Camene, Via di 118, B22
Valle Giulia, Via di 109, E4
Valnerina, Via 111, F6
Varese, Via 115, D15
Vascello, Via del 116, C18
Vaticano, Lungotevere 113, D11
Vatlcani, Viale 112, A11
Vaticano, Viale 112, B10
Veio, Via 119, E23
Velabro, Via d. 118, A21
Velletri, Via 115, D13
Venezia, Piazza di 114, A16
Veneuela, Via 109, F2
Verbano, Piazza 111, E7
Vercelli, Via 119, F23
Vescovio, Piazza 111, F6
Vespasiano, Via 112, C10
Vetulonia, Via 119, D24
Via Bottego, Piazza 117, F20
Via Eman. II, Ponte 113, D11
Via Venosta, Largo 114, C16
Vicario, Via d. 113, F11
Vicario, Vicolo del 116, B17
Vicenza, Via 115, D15
Vignola, Viale del 109, D3
Villa Ada, Viale di 111, D7
Villa Albani, Via di 114, C13
Villa Alberici, Via di 112, A11
Villa Chigi, Via di 111, F6
Villa Fonseca, Via di 119, D22
Villa Grazioli, Viale 110, C8
Villa Madama, Via di 108, B2
Villa Massimo, Viale di 115, F13
Villa Pamphili, Viale di 116, C19
Villa Patrizi, Via di 115, E14
Villa Pepoli, Via di 118, B23
Villa Peretti, Largo di 114, C15
Villa S. Filippo, Via di 110, B7
Villa Sacchetti, Via di 110, A8
Villini, Via dei 115, E14
Viminale, Piazza d. 114, C16
Viminale, Via 114, C15
Vincenzo Monti, Via 116, C20
Vincenzo Tiberio, Via 109, F1
Virg., Via 113, E9
Virgilio, Via 113, D10
Vite, Via della 114, A15
Vitelleschi, Via 112, C11
Vitellia, Via 116, A19
Vittoria, Lungotevere della 108, C3
Vittoria, Via 113, F10
Vittorio, Borgo 112, C11
Vittorio Emanuele II, Corso 113, D12
Vittorio Emanuele II, Piazza 115, D16
Vittorio Veneto, Via 114, B14
Vivaldi, Via 111, F5
Volsci, Via dei 115, F16
Volsinio, Piazza 111, E7
Volsinio, Via 111, E8
Volturno, Via 115, D15

W

W. Goethe, Viale 114, B13
Washington, Viale 113, F9
Wern, Viale 117, D18
Wurts, Piazzale 117, D18

Z

Zama, Piazza 119, E24
Zanardelli, Via 113, E11
Zara, Via 115, E13
Zingari, Via d. 114, B16
Zoccolette, Via d. 117, E17
Zoologico, Piazzale del 114, B13

Orts- und Sachregister

Hier finden Sie alphabetisch aufgeführt alle in diesem Band beschriebenen Sehenswürdigkeiten und Museen, Hotels (H) und Restaurants (R). Außerdem enthält das Register wichtige Stichworte sowie alle MERIAN-Tipps und MERIAN-Top Ten dieses Reiseführers. Wird ein Begriff mehrfach aufgeführt, verweist die **fett** gedruckte Zahl auf die Hauptnennung im Band, eine *kursive* Zahl auf ein Foto.

A
Accademia (H) 14
Alexanderplatz (MERIAN-Tipp) 33
Alpi (H) 15
Altar des augusteischen Friedens 39
Amalia (H) 16
Amphitheatrum Flavium 44, *44*
Anreise 102
Antico Caffè della Pace (R) 25
Antiquario Comunale 69
Antiquitäten 27
Ara Pacis Augustae 39
Arcangelo (H) 14
Arco di Costantino 39
Arenula (H) 16
Ariston (H) 14
Artdeco (H) 13
Audienzen 44
Auditorium 33
Auf einen Blick 102
Aula Ottagona 77
Aurelianische Stadtmauer 52
Auskunft 103
Aventin *94/95*
Aventino (H) 16

B
Babette (R) 24
Bars 33
Bed & Breakfast 17
Bed and go (H) 17
Bibli 20, 27
Bioparco 35
Bled (H) 16
Bocca della Verità *6*, 39, **55**
Borromeo (H) 14
Britannia (H) 14
Brunch (MERIAN-Tipp) 20
Bücher 27
Buchtipps 103

C
Caelius-Hügel (MERIAN-Tipp) 43
Cafés 25, 33
Caffè degli Arti (R) 23
Caffè Greco (R) 25, *86*
Campidoglio *9*, *38*, 39
Campo de' Fiori 28, **40**, 84
Canada (H) 16
Cappella Sistina 40
Capricci Siciliani (R) 23
Caracalla-Thermen 66, *67*
Carbonara (R) 23
Casa di Giorgio De Chirico 69
Casa di Goethe 69
Casina delle Civette 69
Casina di Raffaello 35
Castel Sant' Angelo 41
Catacombe 41
Celio (MERIAN-Tipp) 43
Centrale Elettrica Montemartini – Art Center Acea 69
Checchino dal 1887 (R) 22
Checco er Carrettiere (R) 22
Cestius-Pyramide 57
Circo Massimo 43
Cisterna (H) 16
Città del Vaticano 43
Colosseo (MERIAN-TopTen) 44, *50*
Concordia (H) 14
Cripta Balbi 76
Cul de Sac (R) 84

D
Diplomatische Vertretungen 103
Diskotheken 33
Ditirambo (R) 23
Domine Quo Vadis? 90
Due Torri (H) 14

E
Eden (H) 13
Einkaufen 26
Einrichtungsgegenstände 27
Eisdielen 25
Engelsbrücke *40*, 41
Engelsburg 41
Essdolmetscher 100
Essen und Trinken 18
Estate Romana *30*, 31
EUR 45, *46*
Events 30
Excelsior (H) 13
Explora 35

F
Familientipps 34
Feiertage 104
Felice (R) 24
Feste 30
Fiaschetteria Beltramme (R) 23
Fiori (H) 16
Flohmärkte 28
Fontana die Fiumi 55
Fontana del Babuino **56**, 87
Fontana della Navicella 43
Fontana delle Naiadi **45**, 86
Fontana delle Tartarughe 88
Fontana di Trevi (MERIAN-TopTen) **45**, 87, *87*
Foren 46
Foro di Augusto 47
Foro di Cesare 47
Foro di Nerva 47
Foro di Traiano 50
Foro Romano (MERIAN-TopTen) 47
Forum Romanum 47
Fundbüros 104

G
Galerien 68
Galleria Alberto Sordi 87
Galleria Colonna 70
Galleria d' Arte Antica *72*
Galleria Comunale d'Arte Moderna e Contemporanea 70

Orts- und Sachregister

Galleria Doria Pamphilj 70
Galleria Nazionale d'Arte Antica a Palazzo Barberini 71
Galleria Nazionale d'Arte Antica a Palazzo Corsini 71
Galleria Nazionale d'Arte Moderna 72
Geld 104
Geschenkartikel 27
Geschichte 96
Ghetto **51**, 88
Gianicolo (MERIAN-TopTen) 51, *53*
Giolitti (R) 25
Gusto (R) 24

H
Harry's Bar (R) 22
Hassler-Villa Medici (H) *12*, 13
Haushaltsdesign 27
Homs (H) 14
Hostaria al Boschetto (R) 25
Hostaria Romanesca (R) 24
Hotels 12
Hüte 28

I
Il Gelatone (R) 25
Il Gesù 51
Internet 104

K
Kapitol *9*, *38*, *39*
Katakomben 41
Kaufhäuser 28
Keats-Shelley House 72
Kinderkleidung 28
Kino 33
Kolosseum (MERIAN-Tipp) **44**, 44
Konstantinsbogen 39
Kosmetik 28

L
La Carbonara dal 1906 (R) 23
La Pergola (R) 22
La Rinascente (MERIAN-Tipp) 29

Lebensmittel 28
Livemusik 33
Locarno (H) 14
LunEUR 35
Luzzatti (H) 17
Luzzi (R) 25

M
MACRO (Museo d'Arte Contemporanca Roma) und MAXXI 72
Malzubehör 28
Margutta Vegetariana (R) 20, 23
Märkte 28
Mausoleo di Santa Costanza (MERIAN-Tipp) 64
Medizinische Versorgung 104
Möbel 27
Mode 29
Monumento a Vittorio Emanuele II (MERIAN-TopTen) *36/37*, 51
Mozart (H) 15
Mura Aureliane 52
Museen 68
Musei Capitolini 73
Musei Vaticani *68*, 77
Museo Barracco 72
Museo della Civiltà Romana 73, *73*
Museo Ebraico 51, 89
Museo e Galleria Borghese 74
Museo in Trastevere 89
Museo Nazionale degli Strumenti Musicali 76
Museo Nazionale delle Arti e Tradizioni Popolari 74
Museo Nazionale delle Paste Alimentari 35
Museo Nazionale di Castel Sant' Angelo 41
Museo Nazionale Etrusco di Villa Giulia 74
Museo Nazionale Romano 75, *75*, 86
Museo Preistorico ed Etnografico L. Pigorini 77
Musik 29, 33
Myosotis (R) 22

N
Najaden-Brunnen **45**, 86
Nè arte nè parte (R) 24
Nebenkostentabelle 104
Nino (R) 22
Notruf 104

O
Obika (R) *24*, 25
Orazia (H) 17
Ostia Antica 92

P
Palatium (R) 25
Palatin 52
Palatino 52
Palazzo Altemps 77
Palazzo Barberini 53, *53*
Palazzo Chigi 55, 87
Palazzo delle Esposizioni 7
Palazzo del Quirinale **53**, 86, 87
Palazzo di Venezia 54
Palazzo Farnese 53
Palazzo Massimo (MERIAN-Tipp) 77
Palazzo Montecitorio 87
Palazzo Senatorio *38*, 40
Pannenhilfe 104
Pantheon (MERIAN-TopTen) **54**, *55*, 84
Papa Giovanni (R) 22
Parco dei Principi (H) 13, *17*
Pensione Parlamento (H) 17
Petersdom (MERIAN-TopTen) 60, *63*
Petersplatz *4/5*, 57
Petrusgrab und vorkonstantinische Totenstadt 66
Pianobars 33
Piazza Colonna 55
Piazza del Popolo **57**, 87
Piazza della Bocca della Verità 54
Piazza della Repùblica 86
Piazza di Spagna *32*
Piazza Navona (MERIAN-TopTen) **55**, *56*, 84

Orts- und Sachregister

Piazza Pasquino **56**, 84
Piazza Rotonda *18*, 84
Piazza San Pietro *4/5*, 57
Piazza Venezia **57**, 84
Piazzale Napoleone 87
Pincio 8, **57**, 86
Piperno (R) 22
Piramide di Caio Cestio 57
Politik 105
Pomezia (H) 17
Pommidoro (R) 23
Ponyreiten 35
Portico d'Ottavia 89
Post 105

Q
Quadrivio delle Quattro Fontane 86

R
Reisedokumente 105
Reiseknigge 105
Reisewetter 105
Restaurants 18
Rosati (R) 25

S
Sabatini (R) 22
San Callisto **42**, 90
San Carlo alle Quattro Fontane 86
San Clemente 58
San Francesco (H) 15
San Giovanni in Laterano 58
San Lorenzo fuori le mura 59
San Luigi dei Francesi **59**, 84
San Paolo fuori le mura 60
San Pietrino (H) 17
San Pietro in Vaticano (MERIAN-Tipp) 60, *63*
San Pietro in Vincoli 62
San Sebastiano **42**, 90
Sant' Agnese 42
Sant' Agnese fuori le mura 65
Sant' Agostino **65**, 84
Sant' Andrea al Quirinale **66**, 86
Sant' Angelo in Pescheria 89

Sant' Anna (H) 15
Sant' Anselmo (H) 15
Sant' Atanasio 87
Sant' Ignazio (MERIAN-Tipp) 65
Santa Domitilla 43
Santa Maria degli Angeli 86
Santa Maria del Popolo 64
Santa Maria della Vittoria 64
Santa Maria in Cosmedin 62
Santa Maria in Domnica 43
Santa Maria in Trastevere **64**, 89
Santa Maria Maggiore 63
Santa Maria sopra Minerva 84
Santa Prassede (H) 17
Santa Prassede 65
Santa Priscilla 43
Santa Pudenziana 65
Santi Giovanni e Paolo 43
Santo Stefano Rotondo *42*, 43
Scalinata della Trinità dei Monti (MERIAN-TopTen) 66
Schuhe 29
Senatorenpalast *9, 38*
Sixtinische Kapelle 40
Sole (H) 16
Sole al Pantheon (H) 13
Sonntagsbrunch (MERIAN-Tipp) 20
Spanische Treppe (MERIAN-TopTen) *32*, 66
Spaziergänge 82
Spielsachen 28
Sprachführer 98
Spring House (H) 15
Stadtrundfahrten 105
Süßes 29

T
Teatro di Marcello 89
Telefon 106
Terme di Caracalla 66, *67*

Terme di Diocletiano 76
Terrazza Caffarelli (MERIAN-Tipp) *73*
Testaccio 66
Theater 33
Tivoli 92
Tomba di San Pietro e necropoli precostantiniana 66
Tram Tram (R) 24
Trastevere (MERIAN-Tipp) 88, **89**
Trevi-Brunnen (MERIAN-TopTen) 45, 87, *87*
Trinità dei Monti 87
Trinkgeld 106

U
Übernachten 12
Übernachten im Kloster (MERIAN-Tipp) 16

V
Vatikan 43
Vatikanische Museen *68*, **76**, 78
Verkehrsverbindungen 106
Via Appia 90
Via Borgognona *26*
Via Condotti 27, 87
Via Giulia 67
Via Veneto 67
Villa Borghese (MERIAN-TopTen) 9, 35, **67**
Villa Celimontana 43
Villa di Massenzio 90

W
Wissenswertes 94

Z
Zoll 106
Zoo 35

Impressum

Liebe Leserinnen und Leser,
wir freuen uns, Ihre Meinung zu diesem Reiseführer zu erfahren. Bitte schreiben Sie uns, wenn Sie Berichtigungen und Ergänzungsvorschläge haben oder wenn Ihnen etwas besonders gut gefällt:

TRAVEL HOUSE MEDIA GmbH, Postfach 86 03 66, 81630 München
E-Mail: merian-live@travel-house-media.de, Internet: www.merian.de

DIE AUTORIN
Diesen Reiseführer schrieb **Monika Pelz**. Sie studierte in München, Florenz und Pisa Geschichte, politische Wissenschaften und italienische Linguistik. Sie arbeitete danach als Lektorin für Reiseführer, bevor sie sich als Autorin mit dem Schwerpunkt Italien in Pisa niederließ. Monika Pelz ist mit einem Italiener verheiratet und hat eine kleine Tochter.

Bei Interesse an Karten aus MERIAN-Reiseführern schreiben Sie bitte an:
iPUBLISH GmbH, geomatics
Berg-am-Laim-Straße 47
81673 München
E-Mail: geomatics@ipublish.de

Bei Interesse an Anzeigenschaltung wenden Sie sich bitte an:
KV Kommunalverlag GmbH & Co KG
MediaCenterMünchen
Tel. 0 89/92 80 96 - 44
E-Mail: kramer@kommunal-verlag.de

FOTOS
Titelbild: Das Colosseum (Ralf Freyer)
Alle Bilder Franz-Marc Frei außer:
Bluered/Cubolmages 56; Luigi Caputo/laif 82; Celentano/laif 38; eyedea/laif 24; M. Galli/laif 86; Schapowalow 71; P. Schickert/Das Fotoarchiv 59; M. Thomas 15; Zanettini/laif 6, 30, 44, 63, 89;

© 2008 TRAVEL HOUSE MEDIA GmbH, München
MERIAN ist eine eingetragene Marke der GANSKE VERLAGSGRUPPE.

Alle Rechte vorbehalten. Nachdruck, auch auszugsweise, sowie die Verbreitung durch Film, Funk, Fernsehen und Internet, durch fotomechanische Wiedergabe, Tonträger und Datenverarbeitungssysteme jeglicher Art nur mit schriftlicher Genehmigung des Verlages.

Alle Angaben in diesem Reiseführer sind gewissenhaft geprüft. Preise, Öffnungszeiten usw. können sich aber schnell ändern. Für eventuelle Fehler übernimmt der Verlag keine Haftung.

PROGRAMMLEITUNG
Dr. Stefan Rieß
REDAKTION
Simone Riedle
LEKTORAT
Beate Martin
GESTALTUNG
wieschendorf.design, Berlin
MERIAN-QUIZ
Verónica Reisenegger
(Konzept und Idee)
KARTEN
MERIAN-Kartographie
SATZ
Filmsatz Schröter, München
DRUCK
Appl, Wemding
BINDUNG
Auer, Donauwörth
GEDRUCKT AUF
Eurobulk Papier von der Papier Union

1. Auflage

TRAVEL HOUSE MEDIA

Ein Unternehmen der
GANSKE VERLAGSGRUPPE

Rom

MERIAN-Tipps
Tipps und Empfehlungen für Kenner und Individualisten

1 Übernachten im Kloster
Wohnen einmal anders: Eine ganze Reihe von Klöstern hat sich auf Pilger und Touristen eingestellt (→ S. 16).

2 Sonntagsbrunch
Nicht typisch römisch, aber dafür bei Roms Langschläfern groß in Mode (→ S. 20)!

3 La Rinascente, das älteste Kaufhaus Roms
Einen Einkaufsbummel in schönstem Jugendstilambiente unternehmen (→ S. 29).

4 Alexanderplatz
Hier spielen die Spitzenstars der nationalen und internationalen Jazz-Szene (→ S. 33).

5 Celio
Roms älteste Rundkirche, byzantinische Mosaiken, ruhige Parkanlage: Auf dem Caelius-Hügel ist das alles nur wenige Meter voneinander entfernt (→ S. 43).

6 Mausoleo di Santa Costanza
Die bezaubernden spätantiken Mosaiken an der Via Nomentana sind zwei Kaisertöchtern gewidmet (→ S. 64).

7 Sant' Ignazio
Illusion oder Wirklichkeit? Schauen Sie selbst hinauf zur Decke der Jesuitenkirche (→ S. 65)!

8 Terrazza Caffarelli
Bei einem Cappuccino den Blick über die Dächer Roms schweifen lassen (→ S. 73).

9 Palazzo Massimo
Wunderschöne junge Männer in weißem Marmor, tausende farbenprächtige Steinchen, gelegt zu Meisterwerken der Mosaikkunst (→ S. 77).

10 Trastevere
Gässchen, Handwerksbetriebe, charakteristische Trattorien: Hier ist Rom noch Dorf (→ S. 89).

← MERIAN-TopTen finden Sie auf Seite 1